The Discursive
Construction of Social Reality:
Analyzing the New Deal for Example

本书系教育部人文社会科学重点研究基地"北京大学中国社会与发展研究中心"重大项目资助课题"经济快速增长时期的社会发展战略：国际比较及其启示"（项目批准号：05JJD840142）最终研究报告

社会现实的话语建构
——以"罗斯福新政"为例

谢立中 著

图书在版编目(CIP)数据

社会现实的话语建构：以"罗斯福新政"为例/谢立中著. —北京：北京大学出版社，2012.5
ISBN 978-7-301-20617-1

Ⅰ.①社… Ⅱ.①谢… Ⅲ.①罗斯福"新政"(1933~1936)—研究 Ⅳ.①K712.52

中国版本图书馆 CIP 数据核字(2012)第 086240 号

书　　　　名：	社会现实的话语建构——以"罗斯福新政"为例
著作责任者：	谢立中　著
责 任 编 辑：	陈相宜
标 准 书 号：	ISBN 978-7-301-20617-1/C·0758
出 版 发 行：	北京大学出版社
地　　　　址：	北京市海淀区成府路 205 号　100871
网　　　　址：	http://www.pup.cn　电子邮箱：ss@pup.pku.edu.cn
电　　　　话：	邮购部 62752015　发行部 62750672　编辑部 62753121　出版部 62754962
印　　刷　　者：	北京世知印务有限公司
经　　销　　者：	新华书店
	650 毫米×980 毫米　16 开本　13.25 印张　200 千字
	2012 年 5 月第 1 版　2012 年 5 月第 1 次印刷
定　　　　价：	28.00 元

未经许可，不得以任何方式复制或抄袭本书之部分或全部内容。
版权所有，侵权必究
举报电话：010—62752024　电子邮箱：fd@pup.pku.edu.cn

目录 Contents

- 引言 / I
- 第一章　罗斯福：为什么要向美国人民施行"新政"？ / 1
- 第二章　质疑（Ⅰ）：经济崩溃是否"真的"是自由放任主义政策的必然后果？ / 11
- 第三章　质疑（Ⅱ）：是否"真的"只有通过政府强有力的介入才有可能防止或缓解经济萧条？ / 28
- 第四章　罗斯福等人为什么会做出并相信自己的分析？ / 42
- 第五章　凯恩斯："投资不足"与干预主义的必要性 / 62
- 第六章　对干预主义的反驳（Ⅰ）：奥地利学派 / 79
- 第七章　对干预主义的反驳（Ⅱ）：货币主义 / 103
- 第八章　干预主义对自由放任主义：孰是孰非？（Ⅰ） / 123
- 第九章　干预主义对自由放任主义：孰是孰非？（Ⅱ） / 158
- 结语 / 189
- 参考文献 / 201

引 言

从自由主义发展战略及其相应的社会经济体制向干预主义发展战略及其相应的社会经济体制转型是第二次世界大战前后西方发达资本主义国家中普遍出现的一种历史趋势。对于作为一种从此可以与自由主义并列的干预主义发展战略的确立来说,这一趋势性的历史进程具有至关重要的作用。而"罗斯福新政"则被视为这一战略转型的起始:虽然在第二次世界大战之前德、法、英、美等西方资本主义国家的政府就已经采用过各种各样的干预主义措施,但和这些二战之前的干预主义政策相比,由罗斯福"新政"开启的干预主义战略转型至少有以下几个方面的特点:第一,更高程度的自觉性和主动性;第二,更高程度的系统性;第三,更高程度的普遍性。

本书拟讨论的主要问题是:第二次世界大战前后,在世界主要发达资本主义国家中为什么会发生以"罗斯福新政"为标志的干预主义战略转型?

长期以来,有一种占据主导地位的观点认为:在第二次世界大战前后主要发达资本主义国家中发生的世界性干预主义战略转型很大程度上是这些国家以"自由放任"为特征的早期自由主义战略及其社会体制内在危机的一个结果;1929—1939 年在世界范围内出现的资本主义经济大萧条就是这种早期自由主义战略及其社会体制内在危机的总爆发;而作为世界性干预主义战略转向之主要标志的罗斯福"新政",其伟大历史意义就在于它通过一系列紧密关联的政府措施有效地缓解或消除了早期自由主义战略及其社会体制的主要弊端,从而挽救了资本主义制度。

然而，认为大萧条起源于自由放任制度之过、因而只有通过干预主义政策的实施才能够缓解或消除经济萧条的理论观点一开始就遭到了另一些思想家如米塞斯、哈耶克、弗里德曼等人的批驳。这一派的学者明确地否定凯恩斯一类干预主义学者对于经济周期所做的解释，坚持认为在没有政府等外部力量干预的条件下，市场本身具有恢复均衡运作的能力和机制，认为政府等外部力量的干预不仅不能够有效地缓解或消除经济周期，反而延缓甚至加剧了经济衰退，阻碍了经济过程的均衡运行。这些思想家们不但否认大萧条起源于自由放任制度的看法，而且，反过来还认为正是政府采取的那些干预措施导致了1929—1933年间的大萧条。

迄今为止，人们从上述不同理论立场出发，围绕着大萧条的起因、自由主义或干预主义的合理性等问题展开了无穷无尽的讨论和争论。但到目前为止，各派之间的争论尚无任何确定的结果。

这意味着什么？

本书作者认为，这意味着：迄今为止，我们尚没有任何确凿的证据可以充分无误地证明主流话语所表达的这一观点，即：1929—1939年的大萧条以及为缓解大萧条而实施的"罗斯福新政"正是以自由放任为原则的资本主义市场经济制度的必然结果。

而一旦我们真的不能充分地证明1929—1939年的大萧条以及为缓解大萧条而实施的"罗斯福新政"是以自由放任为原则的资本主义市场经济制度的必然结果，那么，我们该如何来重新理解或解释以"罗斯福新政"为开端的走向干预主义的全球性战略大转型呢？

本书作者试图做出的一种回答是：二十世纪前期在西方发达资本主义国家当中普遍出现的干预主义转向可能并不是自由资本主义制度内在矛盾发展的**必然**结果，而只是由特定话语建构出来的一种社会历史过程。本书的主要目的就是试图以"罗斯福新政"的出现为例来努力说明或证成这一观点。

除了引言和结语之外，本书共有九章。其中一至四章构成本书的上半部分。在这部分中，作者应用话语分析的方法对罗斯福及其部分支持者和质疑者在论证或批评"新政"时所撰写的相关文献进行了分析，试图说明罗斯福及其支持者们对罗斯福"新政"一类干预主义政策起源所做的解释并不必然成立。所谓"1929—1939年的大萧条是以自由放任为原则的资本主义市场经济制度的必然结果,只有通过罗斯福新政一类的干预主义措施才能够缓解或消除周期性的经济萧条"之类的说法,在很大程度上是罗斯福及其支持者们在"消费不足论"这种特定的话语系统的引导和约束下,对"经验事实"和相关概念的含义做出特定选择之后所得出的结果。只有以这样一些在经验事实、概念含义方面所做的特定选择为基础,罗斯福等人对"新政"一类干预主义政策的起源所做的解释、或对干预主义政策所做的辩护才能够成立,否则,人们就完全可以对这些解释和辩护加以质疑。

第五至九章则构成了本书的后半部分。在这部分,作者进一步对以西斯蒙第为代表的"消费不足论"、以凯恩斯为代表的"投资不足论"、以米塞斯和哈耶克等为代表的奥地利学派以及以弗里德曼为代表的"货币主义"等几种主要的经济周期理论进行比较分析,试图进一步证明在大萧条的解释和应对方面,引导和约束着罗斯福等人的"消费不足论"既不是唯一的理论话语,也不是唯一正确或可取的理论话语;除了"消费不足论"之外,尚有或完全可以有其他一些理论话语存在,这些理论话语不仅在对大萧条及干预主义的起源方面有着十分不同的说法,而且对于这些不同说法之间的真假、对错,我们并无可靠的途径与方式来加以终极性的甄别和判断。因此,试图以"'消费不足论'是解释和应对大萧条方面唯一正确、可取的理论话语,因而罗斯福等人在这一话语的引导和约束下对大萧条起因和对策所做的分析及结论自然也是唯一正确的、可取的"这一理由来为"罗斯福新政"及所代表的干预主义转向进行辩护也是难以成立的。由此进一步证明了"罗斯福新政"及其所代表的干预主义转向的话语建构性质。

第一章　罗斯福：为什么要向美国人民施行"新政"？

1932年7月2日，当罗斯福获知自己已经成为美国民主党总统候选人之后，为表示变革决心，毅然打破被提名为总统候选人的人要装作不知而等待几个星期来接受正式通知的惯例，乘飞机抵达芝加哥美国民主党全国代表大会会场主动接受提名，并在会场上发表了一篇充满豪情的演说。在这篇演说中，罗斯福不但号召人们要打破"愚蠢的传统"，而且信心满满地向与会人士和全美国人民保证："我要为美国人民施行新政。"

罗斯福保证为美国人民实施的"新政"，就是我们今天已熟知的那套以政府通过各种方式对经济社会发展过程直接或间接加以干预为核心原则的新发展政策。那么，为什么要施行这样一套以政府干预为核心原则的新发展政策呢？在这篇演讲中，罗斯福以通俗的语言对这个问题简要地做出了以下回答：

> 萧条状况极其严重，在现代史上闻所未闻。因此，这次竞选活动的关键应该是对这一明确的事实做出解答。这是时代的决定。仅仅说全世界都发生了萧条是无济于事的——共和党领导人在解释自己屡屡违背诺言、长期毫无行动时正是这样说的。但他们对1928年的经济繁荣却另有一番解释。人民不会忘记，他们当时声称，繁荣是由共和党人控制的国会所带来的国内产物。假如他们能声称自己

是繁荣的开拓者,就不能否认他们也是萧条的始作俑者。

今天,我无法阐述所有问题,而是只谈几个重要问题。让我们稍微看看最近的历史和一种简单的经济学——诸位和我以及普通人所谈论的经济学。

我们知道,在1929年以前的若干年,我们经历了一个建设和通货膨胀的周期。整整10年,我们以弥补战争损耗的理由发展生产,而实际上远远超出了这一限度,并超出了我们的自然增长和正常增长的限度。现在,值得回忆的是——冷酷的金融数字证实了这一点——在那段时间,尽管数字表明生产成本极大下降,但消费者必须支付的价格却只是微微下降或没有下降。公司获得了丰厚的利润,却很少用于降低价格——消费者被遗忘了;很少用于增加工资——工人被遗忘了;根本谈不上把其中部分用于支付红利——持股人被遗忘了。

顺便说一句,在那些年,政府极少通过征税把上述利润用于慈善事业。

结果如何呢?公司获得了巨额盈余——史无前例的巨额盈余。那么,在疯狂投机的符咒的支配下,这些盈余哪里去了呢?让我们用数字所证实的和我们所能懂的经济学来看看。瞧,这些盈余主要有两大流向:其一,流向现在已徒有躯壳的不必要的新工厂;其二,直接通过公司,或间接通过银行,流向华尔街的活期借贷市场。这些都是事实。为什么要视而不见?

接着便发生了崩溃。诸位对此并不陌生。对不必要的工厂所进行的投资变得不值分文。人们失去了工作;购买力近于枯竭;银行陷入恐慌并开始索贷。有钱人为资产缩水而痛惜。信贷收缩了。工业停顿了。商业衰退了。失业率直线上升。

于是,轮到我们站出来了。[1]

---

[1] 罗斯福:《罗斯福炉边谈话》,张爱民、马飞译,中国社会科学出版社,2009年,第249—250页。译文略有改动。

在逐条解释了他所准备采纳的一些政府干预措施，如改革政府、平衡政府财政收支、实施某些公共工程、增加农民收入、降低利率等等之后，罗斯福进一步宣称：

> 我的纲领建立在一个简单的道义原则之上。这就是：国家的福利和健全首先应该以人民大众的意愿和需要为转移，要看人民大众的意愿和需要是否得到了满足。
>
> 美国人民最需要什么？我认为他们最需要两件东西：一是工作和随之而来的所有的道德和精神价值；二是合情合理的安全感——使自己和妻子儿女获得安全感。这两件东西比任何言辞更为重要，比任何事实更为重要。它们是精神价值的体现，它们应该是我国重建的方向。实现这些价值是我的纲领和目标。我们的现职领导人的领导下未能实现这些价值。
>
> 共和党领导人告诫我们：经济规律——神圣的、不可侵犯的、不可逆转的经济规律——没有谁能够预防它引起恐慌。不过，当他们滔滔不绝地谈论经济规律时，人民却在忍饥挨饿。我们必须坚持一个事实：经济规律不是天生的，而是人类造就出来的。
>
> 是的，当——不是假如——我们得到机会，联邦政府就会勇敢地掌握领导权，开始救济工作。几年来，华盛顿一会儿把头埋进沙滩，说什么缺衣少食的贫民并不多；一会儿又说如果存在贫民，各州政府就应该关心。他们早在两年半以前就应该做现在想做的事，但他们一拖再拖，日复一日，周复一周，直到有良知的美国人要求采取行动为止。
>
> 我认为，地方政府虽然应该一如既往地担负起主要责任，但对于广大人民的福利，联邦政府过去一直负有、现在仍然负有责任。联邦政府不久就要承担起那种责任。①

---

① 罗斯福：《罗斯福炉边谈话》，第255页。

在这次演讲的最后部分，罗斯福以一种激昂的政治热情向听众宣称：

> 在我国现代史上，两大政党的根本区别从未像今天这样壁垒分明。共和党领导人不仅在物质方面失败了，而且在提出目标方面也失败了，因为他们在危难之时不能展示希望，不能为人民指出一条可以回归安全之地的坦途。
>
> 在过去年代被政府遗忘的全国各地的男男女女正注视着这里，注视着我们，期待着我们能提供指导，提供更公平的机会来共享国家的财富。
>
> 在农场、在大都会、在小城市、在乡村，千百万公民满怀希望，希望传统的生活标准和思想准则并没有一去不复返。他们的希望不能、也绝不会落空。
>
> 我向你们保证，也向自己保证，我要为美国人民施行新政。让所有聚集在这里的人都献出自己的能力和勇气，做新秩序的倡导者。这不仅是一场政治运动，这也是战斗的号令。帮助我吧！不仅为了赢得选票，而且为了赢得这场使合众国回到人民手中的变革运动。①

可以简单地将上述演讲内容的要点归纳如下：

1. 我们（美国人民）正处在极其严重的经济"萧条"之中；这种"萧条"状况由一次经济"崩溃"所导致，包括了银行恐慌、资产和信贷收缩、工厂停顿、商业衰退、失业率上升等内容，并会进一步导致美国人民"道德"和"精神价值"失落以及"安全感"下降等不良后果，因此是一种非常负面、亟待缓解或消除的状况；

2. 导致此次经济崩溃的主要原因是"生产超出了自然增长和正常增长的限度"。经济崩溃的具体发生机制是：生产成本极大下降，但消费者必须支付的价格却只是微微下降或没有下降——公司获得了丰厚的利润，却很少用于降低价格、增加工资以及支付红利——这

---

① 罗斯福：《罗斯福炉边谈话》，第256页。

些盈余主要流向新工厂和华尔街的活期借贷市场——接着便发生了崩溃:对工厂的投资变得不值分文,人们失去了工作,购买力近于枯竭,银行陷入恐慌并开始索贷,资产缩水,信贷收缩,工业停顿,商业衰退,失业率直线上升。

3. 我们所面临的这次萧条局面之所以变得如此严重,很大程度上也是由共和党联邦政府不适当的经济社会政策所引致,这种经济社会政策假借经济规律神圣不可侵犯之名而放弃了联邦政府在经济萧条时期本该承担的指导或干预之责,结果使得萧条局面迟迟得不到缓解或消除;

4. 只有借助于联邦政府的积极干预政策,借助于一种"新秩序"的建立,我们所面临的这次萧条局面才会迅速得到缓解或消除。这正是民主党人(或者说:我,罗斯福)一旦得到执政机会之后将要做的事情。

可以把上述四个要点概括为"新政合法性证明"的四个基本点。以后我们会看到,凡是支持罗斯福新政的人在论证新政之合法性时,其论述过程基本上都是在重复以上四个论点;①而凡是反对罗斯福新政的人,其理论论述也大致上是围绕着对上述四个论点的反驳来展开。

和其他场合的演讲相比,在此次演讲中,罗斯福对于上述第二点(即导致经济崩溃主要原因)的分析显得有些含混不清。他虽然指出了导致经济崩溃的主要原因是"生产超出了自然增长和正常增长的限度",但第一,什么是"自然增长和正常增长的限度"?罗斯福在这里没有做明确说明;第二,为什么生产会超出这一限度?罗斯福做了解释(生产成本下降,但消费者必须支付的价格却只是微微下降或没有下降——公司获得了丰厚的利润,却很少用于降低价格、增加工资以及支付红利——接着便发生了崩溃),但其中所述各环节(尤其是前两个环节和最后环节即"崩溃")之间的逻辑连接却交代得并不

---

① 当然,罗斯福在其他场合还提出了其他一些次要的、辅助性的论点,如政府干预可以避免在资本主义社会中发展出法西斯主义一类的专制政体,等等。见罗斯福:《罗斯福炉边谈话》,第92页、第104页等。

清晰。

在另外一些场合,罗斯福对导致经济崩溃的主要原因有相对更为清晰的表述。例如,1938年,当美国经济面临一次新的萧条局面时,罗斯福向国会递交了一份咨文。在这份咨文中,他首先对1929—1933年间美国经济发生大崩溃的原因再次进行了解释。罗斯福用这样的一段话分析了1929年美国经济大崩溃的原因:

> 在人们使用的每件物品和器具上进行过度投机和过度生产……数百万人被送去工作,但他们的双手制造的产品已经超出了他们的钱包的购买力……根据无情的供求关系规律,供给超过有支付能力的需求,生产将被迫终止,结果出现失业和工厂关门现象。1929—1933年的悲剧就此发生了。①

在这段话中,罗斯福再次指出了导致"1929—1933年的悲剧"发生的原因是"过度生产",但对"过度生产"的含义则有了更清楚简洁的表述,即人们"制造的产品已经超出了他们的钱包的购买力",或(更简明一点)"供给超过有支付能力的需求"。

在这份咨文的随后部分,罗斯福以同样的理由来解释1938年美国经济面临的衰退局面。按罗斯福在第12次"炉边谈话"中的转述,罗斯福向国会指出,

> 国民收入——不是政府收入,而是合众国所有个人和家庭,包括每个农民、每个工人、每个银行家、每个专业人员以及所有靠投资获得收入谋生的人们的收入——的总和在1929年达到了810亿美元。到1932年,这个数字已经减少到了380亿美元。几个月前,它已经从低谷非常出色地逐渐增加到了680亿美元。
>
> 但是,恰恰是耐用商品和消费商品的复兴活力使1937

---

① 转引自罗斯福:《罗斯福炉边谈话》,第88页。

年呈现出某种特别不尽如人意的景象,这是导致始于去年最后几个月的经济下滑的主要因素。生产再次超过了购买能力。

……许多重要商品生产线的产能都超过了公众的购买力。例如,1936年冬季到1937年春季,数百家棉纺厂都是三班倒地进行生产,使得工厂里、中间商和零售商手中都囤积了大量的棉织品。再比如,汽车制造商们不仅使成品车数量实现了正常增长,而且促使这种常态增长演变为反常增长,并动用所有手段推动汽车销售。这当然意味着美国的钢铁厂要24小时运转,而轮胎公司和棉纺工厂也快速跟进,以顺应这种反常刺激性需求。而全国的购买力则大大滞后。

这样,到了1937年秋天,消费大众已经买不起我国生产的产品,因为消费大众的购买力没有跟上生产能力。

同一时期……许多重要商品的价格快速攀升……某些日用品的消费价格已经超过了1929年通货膨胀时的高价。许多商品和原材料的价格非常之高,以至于买家和建筑商停止了购买和建设。

……购买原材料,将这些原材料投入到制造和加工,将成品卖给零售商,再卖给消费者,最后得到使用,这一经济过程全然失去了平衡。①

在这次炉边谈话及所转述的咨文中,罗斯福再次由上面的分析引申出他的干预主义政策结论:

> 我的结论是,当前的问题需要联邦政府和人民共同采取行动,我们的主要问题是缺乏购买力导致消费需求不足。我们有责任使经济出现好转。②

---

① 罗斯福:《罗斯福炉边谈话》,第88—89页。
② 罗斯福:《罗斯福炉边谈话》,第91页。

> 从各方面观察，今天的购买力——今天的公民收入——都不足以推动经济体系高速发展。政府的职责要求我们在这个时候填补这一正常过程的不足，并借此保证足够的追加资金。我们必须再次持续不断地增加国民收入。①

不过，叙述至此，我们发现还有一个重要的理论问题没有解决，即：为什么生产（或供给）会屡屡超出人们的购买力（或有支付能力的需求）呢？在我们引用的上述罗斯福话语中，对这个问题尚未有明确回答。但我们在其他一些地方发现了相关答案。在以简述"新政"规划为主题的第二次炉边谈话中，罗斯福说了以下这样一段话：

> 我坚信，我国民众理解并认同新一届政府在农业、工业和交通方面所实施的政策的各项目标。我们不知不觉地发现，我们生产了太多的农产品，以至于我们自己都消费不了；我们有了太多的产品盈余，要不是以过低的价格出售，其他人根本没有钱来购买我们的产品。我们还发现，我们的工厂能够生产出超出我们消费能力的产品，同时我们却面临着出口需求下降的尴尬局面。我们发现我们运输商品和农产品的能力超出了商品及农产品本身的数量。所有这一切问题很大程度上源于**完全缺乏规划**。②

"所有这一切问题"，罗斯福明确地说，"很大程度上源于完全缺乏规划"。③ 而联邦政府的干预措施，尽管可能千头万绪，但基本宗旨就是要通过联邦政府同企业及公众的合作来消除这种"完全缺乏规划"的经济状态。为了使公众更好地理解这一点，罗斯福在稍后一些的地方举了一个例子来对此加以说明。罗斯福说：

---

① 罗斯福：《罗斯福炉边谈话》，第95页。
② 罗斯福：《罗斯福炉边谈话》，第12页。
③ 我们很自然地会想起，在马克思主义者那里，这种"完全缺乏规划"的经济状态被叫做"生产的无政府状态"。

以棉制品业为例。事实可能是,90%的棉制品生产商会同意取消最低工资,停止延长工时,停止雇用童工,同意防止生产过剩。但是,如果另外那10%的棉制品生产商支付最低工资,延长劳动时间,在工厂中雇用童工,并生产出我们无法承受的多余产品,那么……这不公平的10%会生产出廉价的产品,并足以迫使那90%的人去应对这种不公平的环境。

其结果则是使所有的企业都回到一种不正当竞争的状态,"这类竞争导致了延长工时、低工资和生产过剩现象的出现"。罗斯福指出,

　　这就是联邦政府所要介入的地方。联邦政府应当拥有并终将获得这样的权力,在通过测算并为一个行业制定规划之后,在这一行业绝大多数企业的协助下去防止不公平的做法,并依据联邦政府的授权来实施这项规划。①

毫无疑问,罗斯福所称的那种"完全缺乏规划"的社会生产状态,就是自由主义者所主张的"自由放任"状态。尽管罗斯福出于政治方面的考虑(担心他人批评自己的"新政"是要剥夺人们的自由,实行专制等),始终没有用"自由主义"或"自由放任主义"来称呼这种生产状态。

据此,我们可以将前述罗斯福"新政合法性证明"四个要点中的第二个要点更清楚明白地重述如下:导致经济崩溃的主要原因是"生产过剩",即生产(供给)超出了购买力(有支付能力的需求),而导致生产(供给)超出了购买力(有支付能力的需求)的主要原因是整个社会的生产过程处于一种"完全缺乏规划"即"自由放任"的状态。其具体发生机制是:在社会生产"完全缺乏规划"或"自由放任"的情况下,各企业之间不可避免地陷入一种"不正当竞争"状态;这种"不正当竞争"所造成的压力,会迫使企业竞相延长工时、压低工资和提高劳动

---

① 罗斯福:《罗斯福炉边谈话》,第12—13页。

生产率,促使生产成本下降;但在生产成本下降的同时产品价格却只是微微下降或没有下降,公司由此获得了丰厚的利润;公司获得的这些丰厚利润没有用来增加工资和支付红利,而是用于投资新工厂和借贷,结果一方面是以工薪劳动者为主体的消费者购买力长期得不到提升,另一方面社会的生产能力却不断增长,最终造成了供求之间的失衡,引发了经济崩溃:工业停顿,商业衰退,资产缩水,信贷收缩,失业率直线上升。

可见,罗斯福之所以要实行以政府干预为核心原则的新发展政策,基本的原因是在于他认为资本主义国家中所发生的经济崩溃本质上是自由放任主义政策的必然后果,只有通过政府强有力的介入才有可能防止经济的崩溃或缓解随后而来的萧条局面。

第二章 质疑（Ⅰ）：经济崩溃是否"真的"是自由放任主义政策的必然后果？

在梳理完罗斯福关于"为什么要实行新政"的说法后，我们很自然首先会想到的一个问题就是：罗斯福的这些说法能够成立吗？具体点说：

第一，资本主义国家中所发生的那些经济崩溃"真的"是自由放任主义政策的必然后果吗？

第二，"真的"只有通过政府强有力的介入才有可能防止或缓解经济萧条吗？

我们先来讨论第一个大问题。

按照罗斯福的说法，以"完全缺乏规划"为特征的自由放任主义经济体制之所以会引发经济崩溃，主要原因在于它的那一套不正当竞争机制会造成社会的生产能力超出购买能力，导致过度生产、供求失衡，最终引发经济崩溃。这里的因果关系是：自由放任主义→生产能力超出购买能力→经济崩溃。因此，为了证明某次——例如1929—1933年间——资本主义国家中发生的经济崩溃"真的"是自由放任主义政策的必然后果，我们就必须：(1)找到一些经验事实来表明在这次经济崩溃发生之前确实出现了"生产能力超出购买能力"的现象；(2)从理论上说明"生产能力超出购买能力"的现象与这次"经济崩溃"的发生两者之间确实存在着无法否认的逻辑联系；以及(3)找到一些经验事实来表明在这次经济崩溃发生之前实行的发展政策及其经济社会体制确实是一套以"完全缺乏规划"为特征的自由放任主义政策及其经济社会体制。如果这三个方面的要求得不到确认，那罗斯福"新政合法性证明"中的第二个基本点就无法得到证实。

鉴于本书的主题，我们即以1929—1933年间美国发生的经济大萧条为例来对上述三个方面做一扼要探讨。

首先，我们来看看是否能用事实来证明在这次经济崩溃发生之前确实出现了"生产能力超出购买能力"的现象。

在我们上面引述的罗斯福话语中，罗斯福并未列举具体的经验事实来为自己有关大萧条肇因于"生产能力超出购买能力"的说法进行证明。但查阅有关大萧条和罗斯福"新政"的文献，我们还是会发现其中有不少文献试图这样做。

例如，在国内非常流行的一部美国经济史教科书中，作者吉尔伯特·赖特、吉姆·里斯就试图以一些具体的数据资料为依据来对1929—1933年间美国发生大萧条的原因做出分析。作者写道：

> 在1920—1929年，按全国总人口平均的可自由支配的年收入（即纳税后的年收入）从635美元增为693美元，约提高9%。然而，在同一时期内，占总人口1%的最上层人口的平均可自由支配的年收入，从7492美元增为13114美元，提高了75%左右。换句话说，在1920—1929年，占全国人口1%的最上层阶层据有全国可供自由支配的年平均总收入，估计从12%上升为19%。……可见，利润较高，工资较稳定，往往会使全国收入集中在高收入阶层手中。

作者认为，正是

> 许多美国人的贫困处境和国民经济之存在某些薄弱环节，导致了大萧条的爆发。①

---

① 吉尔伯特·赖特、吉姆·里斯：《美国经济史》，司徒淳、方秉铸译，辽宁人民出版社，1981年，第699—702页。

另一部中国读者熟悉的历史著作《全球通史》的作者斯塔夫里阿诺斯也在该书的第23章中写道:

> 从1920年到1929年,工人每小时的工资只上升了2%,而工厂中工人的生产率却猛增了55%。同时,农民的实际收入由于农产品价格的不断下跌、租税和生活费用的日益上升而正在减少。……固定不变的工厂工资和不断下降的农场收入这两大因素结合在一起,导致了国民收入严重的分配不均。1929年,5%的美国人得到全部个人收入的三分之一。这意味着人民大众不充分的购买力与那些拿高薪水、得高报酬的人的高水平的资本投资同时存在。20世纪20年代中,资本货物的产量平均每年的增长率是6.4%,而消费品产量的增长率是2.8%。这最终导致了经济的受阻;这种低下的购买力不能支持如此高比率的资本投资。结果,1929年6月到10月间,工业生产指数从126下降到117,从而造成了促使这年秋天股票市场崩溃的大萧条。①

狄克逊·韦克特,《大萧条时代:1929—1941》一书的作者,在该书中也引用了一些数据资料来说明正是"生产能力超出购买能力"导致了1929年经济崩溃的观点。他写道:

> 1929年,美国人的购买力就已经显示出了严重的失衡,……1923—1928年间,投资收益从100增长了到了410,工资指数仅仅从100增长了112。自然而然,用于消费品的收入,比起流入投资渠道和短期拆借市场、流入为未来生产购置新的固定设备中以及流入富人腰包的滚滚洪流,实在太少了。此前从未有过这样的十年,国民收入中有

---

① 斯塔夫里阿诺斯:《全球通史》,吴象婴、梁赤民译,上海社会科学院出版社,1992年,第693—694页。

如此大的份额被存下来用于投资,也从未有过当前生产如此壮观地超过当前消费。

就是在这样一个背景下,1929年的大萧条来临了。①

杰里米·阿塔克和彼得·帕塞尔在其合著的《新美国经济史》一书中转述了一些被用来支持购买力低于生产力导致1929年经济崩溃之说的数据资料:

> 例如,制造业生产1单位产出所需工时数在这10年间下降了40%,而名义工资的变化则非常之小,且价格仅下降约20%。由此造成的结果体现为公司利润的上升和收入分配不均程度加重。收入分配的这些变化对那些储蓄的人有利,而对那些消费的人不利。消费因此未能跟上生产的步伐,消费的边际倾向由此下降。②

结果引发了经济的崩溃。

McElvaine也提供了一些类似的数据来证明在大萧条之前,财富和收入在富人和穷人之间的分配状况日益恶化。根据他的研究,1929年,占人口0.1%的美国最富有阶层控制了34%的储蓄,而80%的美国人则完全没有任何储蓄。收入的这种不平衡分配状况在整个20世纪20年代中持续加剧。尽管从1920年到1929年每单位资本平均可支配的收益上升了9%,但这些增长额中的75%被收入最高的1%的人口所据有。③ McElvaine认为,导致这种高度且日益增长的收入不均现象发生的一个主要原因是制造业生产率的日益提高。在

---

① 韦克特:《大萧条时代:1929—1941》,秦传安译,新世界出版社,2008年,第2页—第60页。

② 杰里米·阿塔克、彼得·帕塞尔:《新美国经济史》,罗涛等译,中国社会科学出版社,2000年,第581页。

③ Robert McElvaine, *The Great Depression: America 1929—1941*, New York: Times Books, 1984, p.38.

1923年至1929年间每个制造业工人的平均产出增加了32%,但每个制造业工人的平均工资却只增长了8%。因此,生产率提高带来的利益多数变成了企业利润。从1923年至1929年企业利润上升了62%,股息则上升了65%。①此外,联邦政府以及最高法院对于贫富差距的日益拉大也有责任。1926年的税收立法(Revenue Act)和遗产税(inheritance taxes)立法急剧地减少了联邦政府的收入。联邦政府从一个百万美元收入人口那里获取的税收从60万美元减少到20万美元。McElvaine认为,正是收入分配状况的这种日益恶化削弱了生产扩张所需要的消费基础,从而最终引发了1929年的经济崩溃。②

中国学者胡国成在《塑造美国现代经济制度之路》一书中也引述了一些数据资料来论证1929年的经济危机源于生产和消费之间的失衡。他写道:

> 根据官方统计,从1924年到1929年,美国国民生产总值从834亿美元增加到1038亿美元,国民收入从691亿美元增加到874亿美元,分别增长24.5%和26.5%,而同期美国工人和职员的工薪收入则从441亿美元增加到508亿美元,只增长15.2%。美国的劳动生产率在20年代由于"泰勒制"和"福特制"的推广而有了迅速提高,结果却导致劳动力价值相对和绝对下降。在制造业中,工人每小时的工资在1923年至1929年间增长了8%,可每个人每个工时的产量却增加了32%;……从官方的统计表中,我们发现1924至1929年公司完税后的纯利收入从49亿美元猛增到84亿美元,增长率竟高达95.3%。这充分说明,在第一次世界大战后美国经济繁荣时期,资本家利用对生产资料的占有权,在20年代联邦政府实行的有利于高收入阶层的税收政策下,攫取了工人所创造财富中的绝大部分。……这

---

① Robert McElvaine, *The Great Depression: America 1929—1941*, p.39.
② 转引自 Sang-Hwan Jang,"Assessment of Keynesian Model",Paper for the conference on "Theories and Practices of Alternative Economic Systems",Institute for Social Sciences at Gyeongsang National University,South Korea,June 2, 2006.

种状况使得美国经济的发展严重依赖于这些富人的消费和投资,而整个社会的购买力则相对急剧下降,当生产的增长与社会购买力下降之间的差距越拉越大时,经济危机的形势便形成了。①

《相信进步——罗斯福新政》一书的三位中国作者陈明、李庆余和陈华在书中也试图用数据资料来证明1929年爆发的大萧条是自由放任的资本主义制度下财富分配严重不均的结果。他们写道:

> 1919—1927年,工人劳动生产率提高53%,1920—1930年,农业劳动生产率提高了20%。……虽然人民的生活水平有了一定提高,但是普通民众收入的提高幅度却跟不上工业生产发展的步伐。……20年代,农民的收入在全国的份额却下降了一半,从1919年的占全国16%降到1929年的9%。……在工业方面,生产力的提高也远远高于工人工资的增长幅度。随着生产效率的提高,就业人数在经济大发展的情况下却几乎没有增加,维持1923年的水平。相反,这一时期,企业家则由于技术革命和企业兼并利润大增,企业利润的增长速度是工人工资的两倍,且共和党政府的税收调整大大降低了企业纳税负担,加剧了财富的集中。……美国1%的人占全国可供自由支配的年平均收入,在1920—1929年期间,从11.8%上升为18.9%。因此,尽管整体上全民平均收入增加了,普通老百姓收入增加有限,全社会作为工薪的消费支出相对不足。而购买力不足则使经济繁荣无法得到相应的消费支持,加深了生产和消费的矛盾。②

---

① 胡国成:《塑造美国现代经济制度之路》,中国经济出版社,1995年,第154—155页。

② 陈明、李庆余、陈华:《相信进步——罗斯福新政》,南京大学出版社,2001年,第30—32页。

他们认为,正是上述情形最终导致了经济的大崩溃。

综合上述文本,可以看到,人们试图用来印证罗斯福关于大萧条肇因于"生产能力超出购买能力"之说的主要统计依据是:1920—1929年间美国工人和农民收入的增长幅度确实小于劳动生产率的增长幅度和利润的增长幅度,财富的集中度有所提高,结果,整个社会的购买力跟不上生产能力的增长。事实上,这些所谓的经验证据只是一些间接的而非直接的"证据",它们只是告诉我们20世纪20年代美国的财富集中度有所提高,但并没有直接、明确地告诉我们与生产能力相比美国的消费比率到底下降了多少,或者说与消费水平相比美国的生产能力到底过剩了多少。

然而,相反的一些经验证据却直接而又明确地否定了1920—1929年间美国存在消费不足的说法。

小福尔索姆(Burton Folsom)在《罗斯福新政的谎言》一书中就曾经列举过一些重要的反证。他指出,

> 消费不足论要想立住脚,就必须能够肯定地回答如下问题。首先,在20世纪20年代,富人们真的拿走了国民收入中极高的份额了吗?其次,雇员们从企业收入中得到的份额真的偏少吗?再次,20年代后期国民生产总值中消费支出的比例,真的比20年代前期要少吗?

通过引证某些历史资料,他发现,对所有这三个问题的回答其实都应该是否定的。

> 第一,1921年时,5%的美国人创造了25.47%的国民收入;1929年,5%的富人创造了国民收入的26.09%。的确,这个数字是增加了,但增加的幅度并不大。
>
> 第二,1900年到1920年,美国企业的平均利润率是8.2%,1920年到1929年间这个数字也是8.2%。十年间,企业的利润率没有增加,但20年代雇员所得的工资实际上由企业利润的55%增加到了60%。换句话说,20年代雇

员从企业利润中拿到的,远远超过以往。

第三,消费支出占国民生产总值的比例没有下跌,实际上还从1920年的68%上升到了1927、1928和1929年的75%。①

美国著名经济学家阿尔文·汉森(Alvin H. Hansen)早在1941年出版的《财政政策和商业周期》一书中提供的数据也表明,从1923年到1929年美国居民消费支出对国民收入的比例并没有发生重要变化。1923年,这一比例为88.2%,1927年为88.5%,1929年为88.0%,变化微乎其微。② 如果把耐用消费品排除在外,那么美国居民消费支出对国民收入的比例在1923—1924年间为76.8%,1927年为77.1%,1929年为76.1%(1937—1939年为77.2%)③,与上述小福尔索姆提供的数据非常接近,变化同样微小到可以忽略不计。

美国经济学家彼得·特明(Peter Temin)也明确提出:

> 消费占国民收入的比重,在20世纪20年代并没有下降。因此,说那个十年是消费不足的十年,完全没有根据。④

可见,对于"1929年美国经济崩溃发生之前是否真的出现了'生产能力超出购买能力'的现象"这个问题,虽然主流学者撰写的文献一再做出肯定的回答,但也并非没有争议。综合起来看可以认为,目前并没有一个为所有人认可的确切答案。

其次,即使通过对原始资料的反复核查,我们确定"生产能力超过了有支付能力的消费力"这一说法能够得到经验资料的证实,被

---

① 伯顿·W. 小福尔索姆:《罗斯福新政的谎言》,李存捧译,华夏出版社,2010年,第43页。
② Alvin H. Hansen, *Fiscal Policy and Business Cycles*, New York: W. W. Norton & Company Inc. , 1941, p. 236.
③ Alvin H. Hansen, *Fiscal Policy and Business Cycles*, p. 237,注释4.
④ 转引自伯顿·W. 小福尔索姆:《罗斯福新政的谎言》,第43—44页。

"证明"是"真"的"事实",那么也还有一个重要问题需要讨论,这就是:我们是否能够从理论上说明"生产能力超出购买能力"的现象与这次"经济崩溃"的发生两者之间确实存在着无法否认的逻辑联系。

针对大萧条是先前收入分配不平等引起消费不足所致这一观点,彼得·特明明确表示了不同意见。他根据相关统计数据认为,由于企业利润总体上在国民收入中所占比重不大,因此,在20世纪20年代,即使由于收入分配不平等程度有所提高导致利润在国民收入中所占比重加大,也不可能成为引发"大萧条"的主要因素。他写道:

> 20世纪20年代,利润在国民收入中的比重是上升的,达到国民收入的约5%。如果资本家的边际消费倾向比工人低10%,那么由收入变化所造成的消费下降则仅仅占国民收入的0.5%。这在大萧条中根本算不上什么重要因素,以至于引起衰退。仅消费一项在1930年就下降了10%。……"消费不足"或对应的"过度生产",在对大萧条的研究中是无用的概念。①

不管彼得·特明所用数据资料是否确切可靠,他的分析至少启发我们意识到这样一种可能,即:即使像前面引用的那些文献作者所陈述的那样,20世纪20年代美国收入分配日趋不均,收入有向少数富裕阶层集中的趋势,但如果富裕阶层新增加的收入占整个国民收入的比重不是很大的话,由此造成的消费下降幅度也不至于构成引发萧条的主要因素。

其实,不仅当富裕阶层新增收入占国民收入比重不大的情况下分配不均不至于构成引发萧条的主要因素,而且在富裕阶层新增收入占国民收入比重较大的情况下,假如在同一时期内存在着较高程度的技术进步,那么由于收入分配不均所造成的消费支出下降可能会被技术进步引发的新增投资所抵消,消费支出的这种下降同样也

---

① 彼得·特明:《真实的原因和想象的原因》,载斯坦利·L.恩格尔曼等:《剑桥美国经济史》(第三卷),中国人民大学出版社,2008年,第220页。

不一定会导致经济崩溃。

列宁曾经阐述过的一个著名理论命题可以很好地帮助我们理解这一点。列宁说:"资本发展的规律就是不变资本比可变资本增长得更快,也就是说,新形成的资本愈来愈多地转入制造生产资料的社会经济部门。因而,这一部门必然比制造消费品的那个部门增长得快,……因而,个人消费品在资本主义生产总额中所占的地位日益缩小。"①"这样我们看到,增长最快的是制造生产资料的生产资料生产,其次是制造消费资料的生产资料的生产,最慢的是消费资料的生产。"②列宁的这一理论命题被后人称为"生产资料生产优先增长"的命题。按照这一称呼,似乎相比较消费资料的生产而言,生产资料的生产只是暂时优先增长而已,前者迟早是要跟上来与后者相适应的。假如没有消费资料生产随后的跟进,那么生产资料的生产迟早会因为遭遇市场瓶颈而停滞下来,因为生产资料的生产归根结底是为消费资料的生产服务的,其发展终究要依赖于消费资料生产的发展。然而,这种"优先增长"的说法其实完全是后人附加进列宁语录当中去的。从列宁的上述引文中,我们怎么读也读不出后面这种"生产资料生产优先增长"的含义来。按照列宁的原文,我们明确读到就是这样一些句子:生产资料生产部门"必然比制造消费品的那个生产部门增长得更快,……因而,个人消费品在资本主义生产总额中所占的地位日益缩小。"这里完全没有所谓"生产资料生产优先增长"意思在内。而从列宁的这段论述中,我们完全可以进一步推出以下论点,即:随着资本主义的发展,由于生产资料生产部门"必然比消费品生产部门增长得更快,使得个人消费品在资本主义生产总额中所占的地位日益缩小",因此,资本主义生产过程对于消费品生产(因而依然就是对消费品需求)的依赖也就愈来愈小。因此,即使消费支出在国民收入当中所占的比重愈来愈小,资本主义的生产过程也不会遭遇到市场需求不足的问题,不会因此而造成生产过剩的危机。假如这一推论可以成立,那么,即使1920—1929年间美国收入分配日趋不

---

① 列宁:《评经济浪漫主义》,《列宁全集》第1卷,人民出版社,1961年,第71页。
② 列宁:《论所谓市场问题》,《列宁全集》第2卷,人民出版社,1959年,第122页。

均,致使消费支出日趋缩小,那么它也不一定会成为引发1929年经济崩溃的主要原因。

当然,这里需要对上述说法做一些补充说明。生产资料的生产之所以比消费品生产增长得更快,主要源于技术进步的一般趋势,即随着技术的进步,人们在生产过程中将使用越来越多的不变资本,越来越少的可变资本。因此,只有当收入分配不均所造成的消费支出比重下降,能够被同期技术进步所造成的对不变资本的需求(投资需求)所抵消或者超越的情况下,上述推论才能够成立。假如在某一个时期内,收入分配不均日趋严重的确造成了消费支出比重的严重下降,但同时在生产过程中却没有发生明显的技术进步,或者技术进步所造成的投资需求不能抵消这一下降趋势,那么上述推论可能就不能成立。因此,当我们能够确凿无疑地证实某一时期(例如1920—1929年间)某一国家或地区收入分配确实日趋严重并造成了消费支出比重严重下降时,要想知道它是否可能成为经济崩溃的诱因,还需要进一步对该国或该地区同期技术进步及其对投资需求的影响状况加以考察才能回答。在罗斯福和上引其他那些文献作者的话语中,我们都没有看到这方面的相关分析,都是从收入分配不均的"事实"径直推论出"消费不足"以及是"消费不足"引起了经济崩溃这一结论。按照我们的上述分析,这样一种推论在逻辑上是不严密的,并不一定成立。

此外,杰里米·阿塔克和彼得·帕塞尔在其合著的《新美国经济史》一书中还曾经概述过消费不足论面临的另外一些逻辑难题:

> 首先,就是一个时间的问题。即使我们接受所有隐含在该(消费不足——本书作者注)假说中的假设,该假说也无法解释为什么消费只是在1929年以后才在经济的每一部门严重下滑,而这时经济衰退已开始好一会儿了。
> 第二,在其最极端的形式上,消费不足假说预先假定价格刚性,但是,截至那时为止的美国历史,以及1929年至1933年间发生的事件,都没有给予这一假说太多支持。
> 第三,尽管当期收入水平不足以让消费者购买耐用消

费品,但为购买耐用消费品所发展起来的消费信贷在很大程度上维持甚至增加了人们对"高价"商品的需求。①

总而言之,以上的分析说明,即使我们最终能够证明"生产能力超出购买能力"是一个客观事实,那么从这一事实本身也并不一定就能够推出它就是引发经济崩溃的主要原因。因此,为了能够说明正是"生产能力超出购买能力"引发了1929年的经济崩溃,单纯指出并证明经济崩溃之前确实存在着"生产能力超出购买能力"这一现象是完全不够的。

最后,能否用事实来证明这次经济崩溃发生之前实行的发展政策及其经济社会体制确实是一套以"完全缺乏规划"为特征的自由放任主义政策及其经济社会体制?

一般来讲,对于这个问题,干预主义者们通常倾向于做出比较肯定的回答,认为20世纪初美国政府的经济政策基本上属于自由放任主义;而自由放任主义者则通常倾向于做出否定的回答,认为20世纪初美国政府的经济政策早已发生重大转变,基本上已经可以算做是一种干预主义的政策。然而,即使是干预主义政策的支持者,也不得不承认1929年经济大崩溃之前美国的经济社会体制已经包含了大量的政府干预因素在内。

几乎所有有关美国经济或历史的文献都指出,政府对经济过程的干预是美国自立国以来就始终存在的一个现象。杰里米·阿塔克和彼得·帕塞尔在《新美国经济史》一书中明确指出,在美国,政府干预"不是自罗斯福和新政才开始出现。相反,政府干预从英国人来此地殖民时便开始有了。"当美国还属于英国殖民地时,"各级政府为维持公共利益,可制定出碾磨和面包的'公平'价格,规定啤酒的纯度,为基本服务(如渡口的摆渡)设定合理的收费标准,以及授予垄断特许权。政府可以自由设定工资和命令工作";甚至"许可对从腌鱼腌肉到鞋子和衣服的各式商品,都制定出最低质量和最高产量的规

---

① 杰里米·阿塔克、彼得·帕塞尔:《新美国经济史》,第581页。

定。"① 独立战争改变了政府的形式,但没有改变政府的本质。"'民有、民治、民享'的政府自美国宪法制定之日起,便力图使用其权力来塑造和影响经济增长。"② 例如,联邦政府就承担起了西部河流清淤和港口改善以及邮件通道等工程的建设项目,还建立了作为中央银行的美利坚第一和第二银行来对各商业银行进行监管。以后,联邦政府的作用还进一步拓展到铁路监管、教育资助等方面。到第一次世界大战时,联邦政府对经济运行的管制和监控更是达到一个空前的地步。虽然战后政府的管控有所减缓,但也依然在很高的程度上存在。此外,州政府等地方政府在经济运行中也一直承担着大量的功能,如修建运河等工程项目。这些都"足以证明美国经济中政府干预传统的存在"。③

对于美国政府对经济过程的干预自建国以来至1920—1929年期间的过程中就始终存在这一点,几乎所有相关文献的作者似乎都不曾否认。分歧主要在于对以下这一问题的回答,即:罗斯福"新政"前后出现的政府干预有无本质性差异。或者更具体地说,1920—1929年之间美国的经济社会政策到底是已经属于干预主义还是仍然属于自由放任主义。

如上所述,一般来讲,对于这个问题,干预主义者通常倾向于做出比较肯定的回答,认为罗斯福"新政"前后存在的政府干预有着本质性的差异:罗斯福"新政"之前存在的政府干预总体上是在自由放任主义观念约束下进行的,它们要么是属于自由放任主义体系之一部分、为自由放任主义所允许的那样一些干预措施,要么是政府对经济运作过程被迫做出的一些反应;罗斯福"新政"之后存在的政府干预则是自觉在干预主义观念引导下进行的一种全面、系统的政策体系。

例如,依照前面所引罗斯福对1929年经济崩溃原因所做的分析,1920—1929年间美国的经济政策显然就应该属于自由放任主义(或

---

① 杰里米·阿塔克、彼得·帕塞尔:《新美国经济史》,第635页。
② 杰里米·阿塔克、彼得·帕塞尔:《新美国经济史》,第637页。
③ 杰里米·阿塔克、彼得·帕塞尔:《新美国经济史》,第638页。

者按罗斯福的说法属于"完全缺乏规划"的状态)范畴之内。虽然在这一时期内政府对经济过程可能也有着一些干预措施,但在直接关系到供求之间关系的那些重要环节,如产量和价格、工资水平、工作时间等方面,政府的干预却是阙如的,是"完全缺乏规划"的。正因为如此,罗斯福很明确地将这一时期的经济秩序称之为"旧秩序"。正是这种"旧秩序",造成了企业之间的"不公平竞争",最终导致了生产过剩和经济崩溃。

在《塑造美国现代经济制度之路》一书中,胡国成也认为,虽然美国政府一直有着干预经济的传统,但美国经济政策还是经历了早期强调政府干预的重商主义到19世纪中期强调降低政府干预程度的自由放任主义,再到在更高程度上重新强调政府干预这样一个转变过程。对政府干预的重新强调的确并非始于罗斯福"新政",而是在19世纪后期就已露端倪,且在第一次世界大战期间达至新高,但总体上看,除了第一次世界大战期间外,19世纪末至罗斯福"新政"之前美国的经济政策受到了自由放任主义思想的严重束缚。尤其是第一次世界大战结束之后,威尔逊总统迅即取消了对经济的战时管制,"美国战后的经济运行几乎从一开始就自动地恢复了自由放任的方式"。①1920年在竞选中获胜的哈定总统就是打着"恢复常态"的口号上台的。而所谓"恢复常态","在经济生活中,则意味着恢复战前的自由放任状态。哈定本人就曾直言不讳地声称:'这个国家需要的是:在企业中少一点政府;在政府中多一点企业。'事实上,哈定政府以及柯立芝、胡佛等战后历届共和党政府正是执行了主要一种自由放任的经济政策"。② 其具体表现是:降低税收尤其是高收入者的税收,保持政府预算盈余,将政府拥有的商船等资产出售给私人,支持企业兼并和同业公会运动,默许并鼓励所谓的"自由雇佣企业"运动,排斥和打击工会组织等。

当然,哈定、柯立芝等在1920—1929年间执政的历任共和党总统并未完全放弃政府干预的政策。和第一次世界大战之前相比,美国

---

① 胡国成:《塑造美国现代经济制度之路》,第126页。
② 胡国成:《塑造美国现代经济制度之路》,第134页。

政府对经济干预的程度显然高了很多。例如,虽然铁路被归还给了私人经营,但政府保留了确定最低和最高运费、管理铁路公司股票发行及运用等权力等。这和战前状况有显然差异。然而,尽管如此,和罗斯福以后实行的"新政"相比,这些干预措施不仅在量的方面还是在质的方面都有明显不同。在量的方面,这些干预措施仍然只是在非常有限的一些领域内实施;在质的方面,这些干预措施也仍然只是作为一些被迫的行为加以看待。所以,总的来看,按照这一描述,1920—1929年间美国经济政策和体制完全可以也应该被归属于自由放任主义的范畴之中。

另一方面,自由放任主义者对上述问题则通常倾向于做出否定的回答,认为罗斯福"新政"前后存在的政府干预并无本质性的差异,而只有程度上的差异。换句话说,1920—1929年期间美国的经济政策其实就已经是一种干预主义政策了。

例如,在美国著名经济学家罗斯巴德看来,1920—1929年间的美国经济政策即使不能完全归入干预主义的范畴之内,那也不能归入典型的自由主义范畴之下。无论是第一次世界大战结束之后上任的民主党人威尔逊总统,还是之后接连执政的共和党人哈定、柯立芝总统,执行的都是具有高度干预主义色彩的经济政策,如通过联储机构来影响或控制国内外信贷的变化等。在国内信贷方面,政府常常通过一些直接或间接的方式来影响或控制银行准备金的变化;在对外信贷方面,政府也经常地进行干预。罗斯巴德说:

> 共和党政府经常被错误地认为是执行"自由放任"政策的政府,而事实上在整个20年代共和党政府经常主动地干预对外贷款问题。[①]

而正是这样一些干预主义政策所造成的通货膨胀因素刺激了二十世纪20年代的美国经济,使之得到了迅速的扩张,但同时也为后来的经济崩溃埋下了祸根。罗斯巴德指出,

---

① 罗斯巴德:《美国大萧条》,谢华育译,上海世纪出版集团,2003年,第210页。

> 我们应当清楚地认识到，(20年代)通货膨胀的责任应由联邦政府负担，首先联储的管理机构应负主要责任，而后是财政部和白宫。①

另一位美国著名经济学家赫伯特·斯坦在《美国总统经济史》一书中也明确认为1923—1929年间柯立芝政府实施的美国经济政策应该属于他所说的"自由主义"即我们这里所说的"干预主义"的范畴。②他说：

> 如果我们将政府干预经济的程度作为对保守主义的检验标准，柯立芝政府比起前任来却不是保守主义的。柯立芝领导了一个"新时代"，这一时代之所以是新的，不仅仅在于股票市场的繁荣程度，就政府在经济中的作用而言，它也不同于以往。人们对政府的协调性政策的信任在柯立芝时代空前高涨，使人们对美国经济的未来充满信心。柯立芝说过企业就是美国的事业，但他并不是说政府要让企业自行其是，而是在说帮助企业是美国政府的事业。……柯立芝并没有解除西奥多·罗斯福和伍德罗·威尔逊统治时期的干预政策。在他任期届满之时，联邦预算要比威廉·霍华德·塔夫特时期更加庞大。虽然他降低了收入所得税，但人们仍然要交纳所得税，这在15年前是没有的。也许最重要的是，柯立芝在任期间越来越多的人赞同联邦储备委员会应负起稳定经济的责任。③

综合上面的叙述和分析，我们可以看到，罗斯福"新政合法性证

---

① 罗斯巴德：《美国大萧条》，第237页。

② 在该书导言部分界定"保守主义"一词含义时作者写到："在保守主义经济思潮中汇集的各种观念都是消极的，是对'更少'的要求——更少的政府支出，更少的赋税，更少的赤字，更少的货币扩张，更少的政府干预。"见赫伯特·斯坦：《美国总统经济史》，金清、郝黎莉译，吉林人民出版社，1997年，第1页。

③ 赫伯特·斯坦：《美国总统经济史》，第13页。

明"的前半部分(1929年经济崩溃是自由放任主义政策之必然后果的证明)事实上面临着若干重大的挑战:

第一,缺乏直接的、明确的经验事实来证明"消费不足"现象在1929年经济崩溃之前确实存在;

第二,即使能够证明"消费不足"现象的存在,也未能对"消费不足"和经济崩溃之间的逻辑关系做出有说服力的解释;

第三,即使能够说明在"消费不足"和经济崩溃之间存在着逻辑联系,但由于不能充分证明1920—1929年之间美国的经济政策属于典型的自由主义政策,因而也就不能充分证明消费不足(进而证明随后发生的经济崩溃)是自由主义经济政策的必然结果。

第三章 质疑(Ⅱ)：是否"真的"只有通过政府强有力的介入才有可能防止或缓解经济萧条？

现在我们再来看第二个大问题，即"真的"只有通过政府强有力的介入才有可能防止或缓解随1929年经济崩溃而来的萧条局面吗？

罗斯福等干预主义者在论证"只有通过政府强有力的介入才有可能缓解或消除随1929年经济崩溃而来的萧条局面"这一论点时，陈述了正反两个方面的论据。正面的论据就是指出只有或正是借助于罗斯福实施的那些"新政"措施，从1929年开始的美国大萧条才最终得以缓解；反面的论据则是指出正是由于胡佛总统顽固坚持政府不干预经济社会发展的"自由放任主义"立场，才使得1929年开始的经济崩溃迟迟得不到缓解，并日益加重，最终发展成为一场持续多年的、美国历史上最严重的经济大萧条。

我们先来考察上述反面论据（"正是由于胡佛总统顽固坚持政府不干预经济社会发展的'自由放任主义'立场，才使得1929年开始的经济崩溃迟迟得不到缓解"）的有效性。

1929年经济崩溃发生之后，胡佛总统"真"的始终顽固坚持"自由放任主义"的立场，不肯动用联邦政府的力量对经济社会发展过程进行干预吗？对这个问题同样有"是"与"否"两种不同的回答。而且，和前面叙述过的情形一样，一般说来，干预主义者通常回答"是"，而反干预主义者则通常回答"否"。

不错，正如在前面有关1920—1929年间美国的经济政策到底是属于自由主义范畴还是属于干预主义范畴的争论中所发生的情况一样，人们都承认胡佛总统不是一个纯粹或典型意义上的自由放任主义者。无论是在柯立芝总统属下担任商务部长期间还是后来的总统任职期间，胡佛总统都采用过大量对经济过程进行干预的一些政策措施，例如，要求企业家们保持工资和物价水平、增加投资、扩大就业，支持美联储扩张信贷，政府出面举办联邦公共工程、建立复兴金融公司等等。

正是由于这样一些表现，使得绝大多数自由主义者如哈耶克、罗斯巴德等人都明确地将胡佛归入干预主义者的行列之中。他们甚至认为以政府干预经济社会发展过程为特征的"新政"并非是从罗斯福开始，而是由胡佛总统开始的；所谓的罗斯福"新政"并没有太多新的创造，本质上不过是胡佛"新政"的进一步延续而已。例如，罗斯巴德就直截了当地认为："无论正确的理论还是历史先例都说明了自由放任政策的正确性。但在1929年，正确的方法被粗暴地漠视，由胡佛领导的政府开始了安德森所说的'胡佛新政'。如果我们这样定义'新政'，它是通过拓展政府的经济计划和干预——包括抬高工资率和物价、扩张信贷、扶持濒临破产的企业和增加政府开支（比如，对失业人口进行经济补贴、为公共工程融资）——而达到反萧条的目的，那么赫伯特·克拉克·胡佛则应该被认为是新政在美国的创立者。从萧条一开始，胡佛就使自己的措施向违反自由放任原则的方向发展。""政府计划向萧条宣战，而胡佛则是这一革命性计划的创立者，他在这方面的作用被历史学家错误地忽视了。在很大程度上，富兰克林·D.罗斯福只是把他前任留下的政策更具体地加以实施。"罗斯巴德认为，正是由于胡佛放弃了以往多次被证明为行之有效的自由放任政策而采用干预主义政策来应对1929年发生的经济崩溃，才使这次本应该像往常一样迅速结束的经济收缩拖延日久。"结果，他离任的时候，经济陷入了前所未有的萧条之中，在三年半后人们没有看到经济复苏的迹象，而失业人口在劳动人口中的比重也达到了可怕而前所未有的25%。"因此，罗斯巴德明确地说："胡佛的失败应该被看作政府计划的一场失败，而不是自由市场的失败。"①

---

① 罗斯巴德：《美国大萧条》，第264—265页。

赫伯特·斯坦也认为,"在不走运的胡佛任期内,经济政策进一步朝着干预主义方向行进。这在一定程度上是胡佛总统本身特点的反映。胡佛是现代派,1921年共和党内的一些死硬保守派分子曾反对任命他为内阁成员,理由是他太自由化。本世纪所有美国总统中,他也许最热衷于同时代的一些专业经济学家的思想。这些经济学家认为管理预算、稳定经济是政府的重要职能。"①"胡佛在政府对付衰退作用这一点上的确有点现代观念。这种观念主张扩大政府在公共事业方面的支出并接受赤字,这使他能够在衰退初期实施减税,尽管减税可能造成赤字。"②在任期将满的时候,胡佛又采取了两大措施来对付萧条,一是成立了一个政府公司,即复兴金融公司,向有困难的州和地方政府及企业贷款;二是在1932年提出增税方案。尽管后一条措施被认为荒唐,但前一条措施却变相为罗斯福所继承。"这样一种行动同人们给胡佛勾画的形象是不一致的,以至于大多数人忘记是胡佛做了这样一件事。"③

罗伯特·墨菲(Robert P. Murphy),一位当代美国经济学家,在其所著的《大萧条和新政》一书中也明确地将胡佛称为一个"大政府主义者(A big government man)"。他写道:"认为胡佛是一个坚定的小政府主义者的观点完全是一个神话。胡佛有意识地、自豪地与自由放任派的经济学家及在他之前的每一位总统决裂,实施了美国历史上和平时期(至少至他那个时候为止)最大规模的政府扩张。在大萧条的中期,他支持推高工资率以帮助工人,结果仅是产生了任何一个称职的经济学家都能够预料到的事情——劳动力市场史上最大规模的失业。胡佛是一个自由放任主义者的说法从何谈起?"④胡佛确实不是一个中央计划的赞成者,和激进的、带有经济法西斯主义色彩的罗斯福相比,胡佛的干预主义立场要温和得多。但这并不意味着胡佛就不是一个干预主义者,而只能说他是一个温和的干预主义者。

---

① 赫伯特·斯坦:《美国总统经济史》,第13—14页。
② 赫伯特·斯坦:《美国总统经济史》,第16页。
③ 赫伯特·斯坦:《美国总统经济史》,第17页。
④ Robert P. Murphy, *The Great Depression and The New Deal*, Regnery Publishing, Inc., 2009, pp. 59—60.

然而，干预主义者们却对以上看法表示不以为然。几乎所有的干预主义者都认为，尽管1929年经济崩溃发生后，胡佛总统采纳了不少看上去属于干预主义范畴的政策措施，但由于胡佛总统在思想上归根结底仍然是一个自由放任主义者，其思想没有完全摆脱自由放任主义思想的束缚，从而使得那些措施的效果大打折扣，使得经济运作机制总体上未能受到应有的干预，处于自由放任的范畴之内。

罗斯福本人对胡佛的看法就是一例。无论是在接受成为民主党总统候选人提名的演讲中，还是在以后的多次演说或"炉边谈话"中，罗斯福都明确地批评胡佛总统及其领导下的共和党人在经济萧条面前采取不作为的政策。例如在接受成为民主党总统候选人提名的演讲中，罗斯福就指责共和党领导人在危机面前"屡屡违背诺言，长期毫无行动"，借口恐慌是由神圣不可侵犯的经济规律引起的，而一会儿把头埋进沙堆，一会儿把责任推给州政府，对于经济崩溃一开始就应该做的那些事情一拖再拖，日复一日，结果使萧条长期得不到治愈。① 在首任就职演说中，罗斯福虽然承认胡佛等共和党人在应对萧条方面虽然也做了不少努力，但认为"他们的努力一直拘泥于过时的传统模式"。② 尽管罗斯福没有明说，但毫无疑问，这种"过时的传统模式"就是自由放任的模式。

韦克特在《大萧条时代：1929—1941》一书中也明确认为尽管胡佛总统在萧条期间实施了不少干预政策，以至于后来的人认为胡佛才是"新政"之肇始，但胡佛总统的这些作为与他的后继者罗斯福总统的作为之间还是有着重大的区别。韦克特指出，认为罗斯福和胡佛之间没有区别的看法忽视了很多东西：

> 首先是两位忙于跟同一场灾难战斗的社会设计者的某些行动之间必然存在的类似之处。它还忽视了胡佛在采取某些措施上的谨小慎微与罗斯福对试验和改革的强烈热情之间的差异。在胡佛站在悬崖边上哆哆嗦嗦的时候，罗斯

---

① 罗斯福：《罗斯福炉边谈话》，第249、255页。
② 罗斯福：《罗斯福炉边谈话》，第265页。

福却兴高采烈地跳了下去,并邀请国民们步其后尘。更要命的是,这种比较忽视了胡佛临时的权宜之计与罗斯福为改革和复兴所设计的永久性蓝图之间的差别,忽视了前者对产业自治的根本信任与后者越来越靠法律强制之间的差别。

因此,正如胡佛自己1932年在与罗斯福竞选总统职位时所指出的那样,他和罗斯福之间的竞争是"两种政治哲学之间的竞争",是个人主义对严格管制的竞争。而正是胡佛对"粗犷个人主义"传统的坚持,"延缓了政府管制和社会保障[在美国]的发展",延缓了美国经济的复苏。①

在《塑造美国现代经济制度之路》一书中,胡国成在对1929年危机爆发之后胡佛政府采取的主要应对措施做了描述之后,也明确地指出胡佛的这些措施并未有真正彻底地超越自由放任主义的窠臼。胡国成指出,胡佛的思想"与传统的自由放任主义确实并不等同,说他是自由放任的忠实信徒未免有些冤枉。然而,人们也不得不承认,胡佛的'干预观'并没有能够脱离放任主义的窠臼"。② 胡佛虽然提出政府应该成为经济社会发展进程中的一种建设性力量,甚至主张要管制私营企业,管制公用事业公司的经营和价格,但他总是坚持政府的干预不能与个人的自由相冲突,不能侵犯到个人的自由。因此,他"为自己所说的'干预'划定了一条不可逾越的最后界限,即只能通过鼓励和促进'自愿合作'的精神间接地进行干预,而绝不能通过强制性的手段直接地进行干预,以免压制了个人的自由和创造性。""这样,胡佛就用自己为'干预'所划定的最后界限把自己牢牢地限制在了放任主义的领域中。事实上,他正是以这样的'干预观'和这样的哲学指导了自己任内的全部经济政策和反危机措施。"③因此,"从根本上来说,胡佛的反危机措施并非真正意义上的国家干预。胡佛的干预,是自由放任中的干预;其实质,则是干预中的自由放任。胡佛

---

① 韦克特:《大萧条时代:1929—1941》,秦传安译,新世界出版社,2008年,第60页。
② 胡国成:《塑造美国现代经济制度之路》,第177页。
③ 胡国成:《塑造美国现代经济制度之路》,第177页。

的干预,可以看作是为旧的放任主义唱出了送葬的挽歌;但同时,他却竭力想使自由放任的灵魂与精神在一种新的躯壳中重新复活。他是美国经济自由放任时代的最后一位总统,但却不是国家干预时代的第一位总统。"①"胡佛反危机措施的失败,从根本上说是他所信奉的哲学的失败。"②

陈明、李庆余和陈华三位作者在《相信进步——罗斯福新政》一书中更是明确将胡佛归入到自由放任主义的行列之中。作者们写道:"面对(1929年)这种空前严重的经济危机,以胡佛为首的共和党政府不能适时地采取改革措施,而是顽固地坚持自由放任的政策,从而导致失败。"③胡佛的"经历使其深信无拘无束的个人主义和自由企业,深信美国传统的政治理念:政府的职能只能是保证个人自由和公民的机会均等,坚决反对联邦政府直接干预经济,主张自愿主义或联邦政府鼓励下的有组织的公民集团合作,发挥州和地方政府的作用";④"从1929—1931年,胡佛亦基本上根据自愿原则对付大萧条的。他坚信放任资本主义的力量,坚信过多的政府干预只会损坏公众自由个人创造力。他一再强调,萧条是由于投机行为失去控制是证券市场'不得不崩溃'造成的,证券投机是不可避免的。他认为这是根本上健全的美国经济一次不必要的放任行为。只要美国经济的其余部分不受证券市场的影响,则可以制止萧条";⑤虽然处于现实和政治的需要,从1931年底,胡佛在一定程度上采取了一些联邦直接干预经济生活的措施,但总的来讲,"直到卸任总统以前,胡佛应对经济危机的政策没有脱离自由主义"。⑥ 胡佛在应对危机方面的失败正是源于他对自由放任主义立场的这种顽固坚持。

综上所述,我们可以看到,不论是认定胡佛为自由放任主义者的人也好,还是认定胡佛为干预主义者的人也好,对于胡佛在1929年危

---

① 胡国成:《塑造美国现代经济制度之路》,第180页。
② 胡国成:《塑造美国现代经济制度之路》,第179页。
③ 陈明、李庆余、陈华:《相信进步——罗斯福新政》,第38页。
④ 陈明、李庆余、陈华:《相信进步——罗斯福新政》,第39页。
⑤ 陈明、李庆余、陈华:《相信进步——罗斯福新政》,第40页。
⑥ 陈明、李庆余、陈华:《相信进步——罗斯福新政》,第41页。

机爆发之后曾经采取过一定的应对(甚至"干预")措施这一点都未加以否认。分歧主要在于,胡佛采取的这些应对措施到底应该归于"自由放任主义"的范畴之内,还是应该归于"干预主义"的范畴之内。

我们现在再来考察前述正面论据("正是借助于罗斯福实施的那些'新政'措施,从1929年开始的美国大萧条才最终得以缓解")的有效性。

从1929年开始的美国大萧条是否真的是由于罗斯福实施的那些"新政"措施才最终得以缓解?对于这样一个问题,恐怕绝大多数普通公众都会感到诧异。20世纪中期以来,几乎所有有关大萧条和罗斯福"新政"的教科书都告诉我们,如果没有罗斯福"新政",包括美国在内的资本主义社会可能早已经灭亡;正是罗斯福和他的新政缓解了大萧条,挽救了资本主义制度。以下的一些数据资料似乎也可以佐证这一说法。

表1 1929年—1945年美国国内生产总值和人均国内生产总值[①]
(单位:10亿美元)

年 份	国内生产总值 (按1987年不变价格计算)	人均国内生产总值 (按1987年不变价格计算)
1929	821.8	6743
1930	748.9	6079
1931	691.3	5596
1932	599.7	4800
1933	587.1	4671
1934	632.6	5001
1935	681.3	5349
1936	777.9	6069
1937	811.4	6292
1938	778.9	5993
1939	840.7	6416
1940	906.0	6857
1941	1070.6	8026
1942	1284.9	9528
1943	1540.5	11266
1944	1670.0	12067
1945	1602.6	11453

[①] 数据来源于美国商务部,转引自赫伯特·斯坦:《美国总统经济史》,第396—397页。

表2　1929年—1945年美国就业人口、失业人口和物价水平①

年份	总就业人口（以百万计算）	失业人口（百分比）	消费物价指数（以1982年至1984年=100）
1929	47.9	3.2	17.1
1930	45.7	8.7	16.7
1931	42.7	15.9	15.2
1932	39.2	23.6	13.6
1933	39.0	24.9	12.9
1934	41.2	21.7	13.4
1935	42.5	20.1	13.7
1936	44.7	16.9	13.8
1937	46.6	14.3	14.3
1938	44.6	19.0	14.1
1939	46.1	17.2	13.9
1940	48.1	14.6	14.0
1941	52.0	9.9	14.7
1942	57.7	4.7	16.3
1943	63.5	1.9	17.3
1944	65.4	1.2	17.6
1945	64.3	1.9	17.3

从上述表1可以看到，在经济危机爆发和罗斯福上任之前的1929—1933年间，美国国内生产总值一直趋于下降，以1987年不变价格计算的国内生产总值从1929年的8218亿美元一路下滑到1933年的5871亿美元；罗斯福上任之后，美国国内生产总值开始逐渐回升，到1937年真实国内生产总值已经接近恢复到1929年的数值，到1939年则开始超出1929年。从表2则可以看到，在罗斯福上任之前的1929—1933年间，美国失业人口数量一路攀升，失业率从1929年的3.2%直上到1933年的24.9%；罗斯福上任之后，美国失业人类数量开始下降，失业率逐渐从1933的峰值下降到1937年的14.3%，在1938年有所回升之后又重归下降趋势，到1942年已降至接近危机爆发前的水平。因此，从国内生产总值和失业率这两个关键方面看，罗斯福的"新政"对于危机的缓解和经济的复苏似乎确实起了积极的

---

① 数据来源于美国劳动部，转引自赫伯特·斯坦：《美国总统经济史》，第399页。

作用。

罗斯福以及认同罗斯福新政的人确实是这么分析的。例如，1938年，已连任美国总统的罗斯福在一次讨论经济形势的"炉边谈话"中对到那时为止所施新政的成效做过一个简短的总结。罗斯福指出，"五年前，我们面临着严重的经济和社会复兴问题"，但"复兴工作在过去的四年半时间里迅速推进"；作为复兴的结果，一方面，美国的国民收入首先得到了迅速回升："国民收入的总和在1929年达到了810亿美元。到1932年，这个数字已经减少到了380亿美元。几个月前，它已经从低谷非常出色地逐渐增加到了680亿美元。"①另一方面，美国劳动人口的失业状况也有了一定好转。

加州大学历史学家 Eric Rauchway 也以下列数据确认罗斯福新政的成功："除了1937—1938年，[美国的]失业率在罗斯福的头两个任期内每年都在下降，与此同时美国经济则以年均9%—10%的速度增长。"②

发表在百度百科网页上的一篇题为"大萧条"的词条在对罗斯福新政的作用进行评价时，也发表了以下看法："从1935年开始，美国几乎所有的经济指标都稳步回升，国民生产总值从1933年的742亿美元又增至1939年的2049亿美元，失业人数从1700万下降至800万，恢复了国民对国家制度的信心，摆脱了法西斯主义对民主制度的威胁，使危机中的美国避免出现激烈的社会动荡，为后来美国参加反法西斯战争创造了有利的环境和条件，并在很大程度上决定了'二战'以后美国社会经济的发展方向。"

《塑造美国现代经济制度之路》的作者胡国成对罗斯福新政也做出了肯定的评价。他认为："新政对经济干预的效果是明显的。它使美国在资产阶级民主制度的基础上度过了历史上最严重的经济大危机。这从以下几项主要经济指标的统计中可以清楚地看到。以30年代大危机期间的经济最低水平与1940年的经济指标相比，工业生产指数从58上升到125(1935至1939年为100)，农业产品批发价格指

---

① 罗斯福：《罗斯福炉边谈话》，第87—88页。
② 转引自 Robert P. Murphy, *The Great Depression and The New Deal*, p.100.

数从 48.2 上升到 67.7(1926 年为 100),农业平价率从 58 上升到 81(1910 年至 1914 年为 100),国民生产总值从 558 亿美元上升到 1014 亿美元,国民收入从 396 亿美元上升到 813 美元。"虽然该作者也承认"新政并未能使经济达到完全复兴和充分就业的水平,1940 年国民生产总值仍低于大危机前 1929 年的数字",但他认为"如果不是第二次世界大战这个战争因素的闯入,应该有理由相信,在新的国家垄断资本主义经济制度下,美国经济是能够得到完全复兴的。"①

陈明、李庆余、陈华等人也对 1933—1937 年期间罗斯福新政的效果做出了肯定的评价。他们写道:"1935 年春以来,经济出现了明显的复苏迹象,国民收入由 1933 年的 425 亿美元,上升到 1935 年的 571 美元。1936 年至 1937 年春经济增长速度加快,以至出现了 1937 年春的'繁荣'。据统计,1936 年 5 月至 1937 年 9 月就业指数由 96.4 增加到 112.2,超过 1929 年的最高水平;同期工资总额指数从 84 增加到 109,工业生产指数从 101 增为 117,也超过了 1929 年的产量水平;按 1952 年美元计算,个人可支配收入从 1935 年的 906 美元增加到 1937 年的 1048 美元,较 1929 年高 3 美元"。②

《当代金融家》2005 年发表的一篇题为《反危机:回溯罗斯福新政》的文章也写到:"罗斯福新政的实施取得了巨大成功。从 1935 年开始,美国几乎所有的经济指标都稳步回升;1936 年底,美国工业总产量超过危机前的年平均数,农业生产也有较大恢复。到 1939 年,GNP 增至 2049 亿美元,失业人口减至 800 万,恢复了国民对资本主义国家制度的信心。"③

然而,遗憾的是,上述说法并非是唯一的答案。除了上述这类对罗斯福新政的效果加以积极肯定的回答之外,相当多的文献则对罗斯福新政的效果进行了否定。后者依据的是与前者同样或大体相同的数据资料,但却做出了与前者完全相反的分析和判断。

杰里米·阿塔克、彼得·帕塞尔在《新美国经济史》中写道:"如

---

① 胡国成:《塑造美国现代经济制度之路》,第 335—336 页。
② 陈明、李庆余、陈华:《相信进步——罗斯福新政》,第 41 页。
③ 陈达夫、白月:《反危机:回溯罗斯福新政》,《当代金融家》2005 年第 6 期。需要指出的是,以上所引文献的作者(包括罗斯福在内)使用的应该都是按当年价格计算的数值。

果对大萧条时期几乎每类统计数据（例如失业率、国民生产总值、货币供给和价格）匆匆一瞥，那么不管你对罗斯福的政策多么有好感，你都会发现复苏并没有随新政而到来。美国经济非常缓慢地爬回其在 20 世纪 20 年代末达到的水平。1939 年二战在欧洲爆发，这本是一个极好的刺激，但从大多数标准看，1939 年美国经济远未完全复苏。直到 1941 年日本突袭珍珠港，从诸如失业率和真实 GDP 这样的经济指标看，经济才完全复苏。即使如此，我们也必须提出如下疑问：战时经济的急切需要是否构成复苏和经济复归正常？因此，虽然复苏是新政的一个目标，但在这方面新政几乎算不上是全面成功的。"①杰里米·阿塔克、彼得·帕塞尔列举了两方面的数字来进一步说明这一点。首先是失业率的情况："以失业率为例。失业率在大萧条期间一直居高不下——在 14% 以上，这一状况直到 1940 年以后才结束。"再看 GNP 的情况："大萧条开始后，真实 GNP 下降，并于 1933 年达到最低点。直到 1937 年，真实 GNP 才超过 1929 年的水平。1921 年至 1929 年间，真实 GNP 的年平均增长速度为 4.4%，如果 1929 年后真实 GNP 能继续以 1921—1929 年的平均速度增长，则到 1939 年真实 GNP 将约为 1650 亿美元。但 1939 年真实 GNP 实际只有 1110 亿美元（按 1929 年价格计算），20 世纪 30 年代真实 GNP 实际上总计为 9320 亿美元，但如果 20 世纪 20 年代真实 GNP 的增长速度能持续到 30 年代，则 30 年代真实 GNP 总计将约为 13650 亿美元——两者相差超过 4000 亿美元，或者说两者相差将近 1/3。"②

如前所述，Eric Rauchway 曾经以失业率连续下降和经济增长速度持续回升来证明罗斯福新政的成功，R. P. Murphy 对 Rauchway 的观点明确地表示否定。

首先，针对失业率连年下降的事实，Murphy 认为："纵观经济史，每一次的衰退都会有终点。每当失业率达到一个非同寻常的高度时，它们都会回落——这也是之前的失业率水平被称为'高'的原因。一般而言，美国历史上的大多数萧条都是在两年之内结束，所有的萧

---

① 杰里米·阿塔克、彼得·帕塞尔：《新美国经济史》，第 615 页。
② 杰里米·阿塔克、彼得·帕塞尔：《新美国经济史》，第 618 页。

条都曾在5年内结束。专业的历史学家应该去探寻的问题不是'罗斯福到底如何将我们推出大萧条',而是'为何大萧条延续了这么长的时间?'。""回顾一下'一战'后发生的那次严重萧条,1921年的时候失业率达到了11.7%的峰值,但1923年时就降到了2.4%。因此,之前这次萧条的复苏见证了失业率年均下降超过4.5%的成就。如果罗斯福在阻击萧条方面能够像哈定总统一样成功,那么1935年的失业率就应该是16%,而不是像实有的那样超过20%。"①

其次,针对经济增长速度持续回升这一事实,Murphy也提出如下意见:"从1929年至1933年,真实GDP下降了令人吃惊的27个百分点。但是任一经济学家都本可期待罗斯福就职之后经济将会恢复正常,至少有几年时间经济将会以较大幅度增长。从1900年至1929年[美国]经济曾以略低于3.5%的年均速度增长,1950年代则曾以超过4%的年均速度增长。如果在这样一些相对充分就业的时间段都能达到那样一种年均增长率,那么人们自然期待在一个有1/4的劳动力被富余的年代里会有更高的增长指数。"②Murphy引用加州大学两位经济学家Harold Cole和Lee E. Ohanian的研究结果来说明这一点。Cole和Ohanian于2003年发表了一篇研究论文,指出到1939年时美国的总产量比假如按大萧条开始前具有的发展趋势延续下来应当有的数值仍然要低27个百分点。投资方面的情况尤其糟糕,比罗斯福新政真的使美国经济走出了大萧条的情况下应该有的投资水平低了50%左右。③由此可见,在罗斯福的治理下,美国经济的恢复远比其之前和之后的历次经济复苏都要慢。罗斯福新政拯救了美国经济的说法不是神话就是谎话。

有人为罗斯福辩护说,罗斯福时代经济复苏缓慢是因为罗斯福继承的是美国历史上最为严重的一次经济危机。Murphy对这种说法也进行了反驳。他指出,1929年的经济大萧条不仅发生在美国,而

---

① Robert P. Murphy, *The Great Depression and The New Deal*, p. 101.
② Robert P. Murphy, *The Great Depression and The New Deal*, p. 102.
③ Harold Cole and Lee E. Ohanian, "New Deal Policies and the Persistence of the Great Depression: A General Equilibrium Analysis", UCLA Economics Department Research Memo, February 2003, available at: http://hlcole.bol.ucle.edu/NewDealucla.pdf.

且也同时发生在世界上其他许多国家,但其他国家都比美国恢复的快。最好的例子是美国的邻居加拿大。在罗斯福当政之前的四年里(1929—1933年),美国的失业率仅比加拿大平均高3.9个百分比左右,而在罗斯福执政的前两个届期,美国的失业率却比加拿大平均高出5.9个百分比(见表3)。

表3 美国和加拿大失业率比较(1929—1941)①

年份	美国失业率(%)	加拿大失业率(%)
1923—1929	3.3	3.1
1930	8.9	9.1
1931	15.9	11.6
1932	23.6	17.6
1933	24.9	19.3
1934	21.7	14.5
1935	20.1	14.2
1936	17.0	12.8
1937	14.3	9.1
1938	19.0	11.4
1939	17.2	11.4
1940	14.6	9.2
1941	9.9	4.4

由于加拿大经济和美国经济在很大程度上是联为一体的,同时也由于二十世纪30年代加拿大恰好没有实施一种什么"北部新政",因此上述对比具有极好的说服力。它表明,正如熊彼特在1942年时所指出的那样,罗斯福新政是唯一可以用来解释以下事实的一个因素,这个事实就是:美国拥有经济复苏的最好机会,但却经历了最难令人满意的复苏过程。②

在《罗斯福新政的谎言》一书中,伯顿·W.小福尔索姆也指出,从生产状况方面看,"其他国家结束大萧条的时间都比美国早。20世纪30年代末,国际联盟收集了美国和其他许多国家工业复苏情况的数据。其中许多数据支持下面这个观点:罗斯福的新政造成了经济的

---

① 资料来源:美国劳工局和加拿大统计局。转引自 Robert P. Murphy, *The Great Depression and The New Deal*, p.103.
② Robert P. Murphy, *The Great Depression and The New Deal*, p.104.

不确定性,因此它作为经济复苏计划实际上是不成功的";①"11 年间(自 1929 年至 1940 年)经济从未能够复苏,这种情况是前所未有的。"②另外,从失业状况方面看,情况也不妙:"在 1938 年,即罗斯福任总统的第五年,国际联盟报告所调查的 16 个国家的平均失业率是 11.4%,而美国的失业率为 19.8%,几乎是世界平均水平的两倍。"据此,小福尔索姆明确地宣称:"趋势很明显,在罗斯福治下的美国经济,不仅在绝对意义上,而且在相对意义上都表现得很糟糕。"③

---

① 伯顿·W.小福尔索姆:《罗斯福新政的谎言》,第 307 页。
② 伯顿·W.小福尔索姆:《罗斯福新政的谎言》,第 320 页。
③ 伯顿·W.小福尔索姆:《罗斯福新政的谎言》,第 301 页。

第四章　罗斯福等人为什么会做出并相信自己的分析？

综上所述，我们可以看到，罗斯福对于新政干预主义合理性的论证充其量只有在以下基本条件存在的情况下才可能为"真"。这些基本条件是：

1. 有确凿无误的经验统计资料能够证明在经济崩溃发生之前确实存在着"消费不足"的现象；

2. 有充分的根据和一套严谨的理论来说明在"消费不足"和之后的经济崩溃之间确实存在着无法否认的逻辑联系；

3. 1923—1929年间美国的经济社会政策能够被定义为一种"自由放任主义"政策；

4. 胡佛任总统期间的所实施的经济社会政策能够被定义为一种"自由放任主义"政策；

5. 只要国内生产总值（或国民收入）开始止跌回升，失业率开始止升回跌，就可以将萧条时期的经济运行状况定义为"复苏"。

如果以上基本条件得不到满足，罗斯福等人对新政干预主义政策合理性的论证就难以成立。而在完全相反的条件下，即，假如：

1. 有确凿无误的经验统计资料能够证明在经济崩溃发生之前确实不存在着"消费不足"的现象；

2. 有充分的根据和一套严谨的理论来说明在"消费不足"和之后的经济崩溃之间确实不存在着逻辑联系；

3. 1923—1929 年间美国的经济社会政策不能够被定义为一种"自由放任主义"政策,而只能被定义为"干预主义"政策;

4. 胡佛任总统期间的所实施的经济社会政策也不能够被定义为一种"自由放任主义"政策,只能被定义为一种"干预主义"政策;

5. "国内生产总值(或国民收入)开始止跌回升,失业率开始止升回跌"的经济形势并不可以被定义为"复苏";只有当国内生产总值的增长速度和失业率完全或基本恢复到经济崩溃之前的通常水平,我们才可以将经济形势定义为恢复到了正常状态,即"复苏";

那么,罗斯福等人对新政干预主义的论证就可以并只能被判定为"假"。

上述 5 个基本条件中的第 1 个条件涉及到的是一个经验事实,我们可以将其称之为罗斯福新政合法性证明成立的"经验条件";第 2 个条件涉及到的是一个逻辑构造,我们可以将其称之为罗斯福新政合法性证明成立的"逻辑条件";第 3、4、5 个条件涉及到的是"自由放任主义"、"干预主义"等语词的意义问题,我们可以将其称之为罗斯福新政合法性证明成立的"语义条件"。正是这三类条件共同构成了罗斯福"新政合法性证明"的前提,缺了其中的任何一个,罗斯福的"新政合法性证明"都不能够成立。具体点说:

1. 如果后两类条件不存在,那么即使"经验条件"存在,罗斯福"新政合法性证明"也不能成立;

2. 如果第 3 类条件不存在,那么即使前两类条件存在,罗斯福"新政合法性证明"也不能够成立。

那么,罗斯福"新政合法性证明"得以成立所必需的这些基本条件到底存不存在呢？如果存在的话,又是在什么情况下才存在呢？

通过前面两章的梳理,我们可以看到:

1. 就上述第 1 类条件即"经验条件"而言,存在着一些互相矛盾的经验观察证据,其中的一些可以间接用来推论出"1929 年美国经济崩溃之前存在着消费不足的现象"这一"事实",另一些则可以用来直接否定这一"事实",或证明一种与此相反的"事实",即"1929 年美国经济崩溃之前不存在着消费不足的现象"。假如我们选择前一类"事实",那么我们朝着准备接受罗斯福"新政合法性证明"的方向迈出了一步;相反,如果我们选择后一类"事实",那么我们朝着准备否定罗斯福"新政合法性证明"的方向迈出了一步。因此,罗斯福"新政合法性证明"的"经验条件"是否能够被满足这一点,很大程度上取决于我们在这些互相矛盾的经验观察证据当中所做的选择。

2. 就上述第 2 类条件即"逻辑条件"而言,即使"消费不足"被证明为是一种"真实"存在的"事实",但对这一"事实"与经济崩溃这一"事实"之间逻辑联系的说明还是有着相当的不确定性,或者说存在着多种可能性:"消费不足"与"经济崩溃"两者之间既可能存在着因果联系,但也可能不存在因果联系。只有在前一种情况下,当我们宣称是"消费不足"导致了"经济崩溃"的发生时,我们的宣称才是合理的、"真实"的、可以被接受的;相反,在后一种情况下,当我们宣称是"消费不足"导致了"经济崩溃"的发生时,我们的宣称就是不合理的、非"真实"的、不可以被接受的。这样,就"消费不足"现象与"经济崩溃"现象之间的逻辑关联而言,我们在理论上就有着多种可能的思路:我们可能只看到了两者之间存在着因果联系的情形而忽略或否定两者之间不存在因果联系的情形;反过来,我们也可能只看到了两者之间不存在因果联系的情形而忽略或否定两者之间存在因果联系的情形;此外,我们当然也可能同时看到了两者之间既可能有因果联系又可能没有因果联系这两种不同情形。无疑,只有在第一种思路下,罗斯福的"新政合法性证明"才能够成立,反之则不然。因此,罗斯福的"新政合法性证明"是否能够成立在很大程度上取决于我们在这样一些不同甚至相反的理论思路当中所做的选择。

3. 就上述第 3 类条件即"语义条件"而言,对于罗斯福"新政合法性证明"过程中所用的一些基本概念,如"自由放任主义"、"干预主义"、"经济复苏"等,也存在着两种(甚至多种)不同(甚至相互矛盾)的界定。按照其中的某一些界定,哈定总统、柯立芝总统执政时期和胡佛总统执政时期的经济社会政策就可以且应该被界定为"自由放任主义",罗斯福"新政"实施之后的经济形势也就可以且应该被判断为"成功复苏";相反,按照另一些界定,这些政策就应该且只能够被界定为"干预主义",罗斯福"新政"实施之后的经济形势就应该且也只能够被判断为"未能成功复苏"。因此,罗斯福的"新政合法性证明"是否能够成立,很大程度上也取决于我们在这些不同甚至相互矛盾的概念含义当中所做的选择。

显然,在罗斯福以及接受了罗斯福"新政合法性证明"的那些人那里,他们在以上三个十字路口都做出了一种特别的选择:

1. 在第1个十字路口,罗斯福们选择了可以间接用来推论出"1929年美国经济崩溃之前存在着消费不足的现象"这一"事实"的那些数据资料;

2. 在第2个十字路口,罗斯福们选择了肯定"消费不足"与"经济崩溃"两者之间存在着因果联系而忽略或否定两者之间可能不存在因果联系的情形这样一种思路;

3. 在第3个十字路口,罗斯福们也选择了有利于证明"新政"合法性的那些概念定义,如将哈定总统和柯立芝总统执政期间的经济社会政策归入"自由放任主义",将胡佛实施的那种"以企业家自愿合作为基础"的干预措施归入一种特殊形式的、或新型的自由放任主义,一种"自由放任中的干预";将国内生产总值(或国民收入)开始止跌回升、失业率开始止升回跌的情形界定为经济"成功复苏";等等。

正是由于以上三个方面的特殊选择,才使得罗斯福的"新政合法性证明"看上去既具有充分的事实依据,又具有一定的理论根基。

现在,我们接着要问的一个问题是:罗斯福以及其他罗斯福"新政合法性证明"的信奉者们为什么会做出上述这样的一些选择呢?为什么他们没有也不会做出其他的选择呢?

对于这个问题的一种回答可能是以传统实在论为基础的。按照这种回答,罗斯福以及其他罗斯福"新政合法性证明"的信奉者们之所以会做出上述这样的一些选择而没有做出其他的选择,是因为社会现实就是这些选择所反映、所指示出来的那个样子,罗斯福们正是或可能是通过了反复的探讨,最终做出了上述这样一些"正确地"反映了社会现实的理论抉择。在对1929年经济危机加以理解和制定对策的过程中,罗斯福们可能也考虑过其他选择,但在用(自己或他人曾经践行过的)"社会实践"对其加以检验之后,最终发现还是只有上述那些选择才是"正确的"、应该加以坚持的。所以,罗斯福以及其他罗斯福"新政合法性证明"的信奉者们之所以会做出上述这样的一些选择而没有做出其他的选择,正是"社会现实"对"社会意识"的"决定"作用所使然,是"社会存在决定社会意识,社会意识终究要与社会存在相适应"这一"规律"的一种体现。

对于这种回答我们很难加以认同:

第一,就前述第 1 类条件即"经验条件"而言,我们很难找到有充分说服力的理由来证明为什么只有罗斯福、赖特等人使用的那些间接表明"1929 年美国经济崩溃之前存在着消费不足现象"的数据资料才是现实的"真实"反映,为什么汉森、小福尔索姆等人提供的那一套表明"1929 年美国经济崩溃之前不存在消费不足现象"的数据资料就不是现实的"真实"反映;

第二,就前述第 2 类条件即"逻辑条件"而言,我们也很难找到有充分说服力的理由来证明为什么只有选择肯定"消费不足"与"经济崩溃"两者之间存在着因果联系而忽略或否定两者之间可能不存在因果联系这样一种思路才是"真实"地反映了社会现实。按照我们前面所做的分析,"消费不足"与"经济崩溃"两者之间无因果联系的情形是完全可能存在的;

第三,就前述第 3 类条件即"语义条件"而言,我们同样也难找到有充分说服力的理由来证明,对于"自由放任主义"、"干预主义"、"成功复苏"等概念而言,为什么只有罗斯福等人使用的那些含义才是唯一"正确的"、"真实的"反映了社会现实,其他含义就是对社会现实的歪曲或错误再现。

基于上述原因,我们不能不排除上述回答而另寻答案。

另有一些人,试图用总统选举一类的政治需要来对上述问题加以回答。按照这种回答,罗斯福们之所以会做出上述这样的一些选择而没有做出其他的选择,是出于与胡佛总统竞选的需要。因为在萧条期间胡佛被许多人认为一直是在采用一种自由主义的"不作为"策略来加以应对,从而使萧条局面不断得以加重。为了使自己在选民中获得一种与胡佛大不相同的形象,罗斯福选择了转向干预主义。而因为选择了转向干预主义,就自然或不得不在"经验数据"、"解释逻辑"和"概念含义"等方面做出上述这样一些选择。

我们认为,这种回答也经不起反驳:事实上,自进入大萧条以来,胡佛总统的形象是模糊不清的。他既有过偏向或貌似自由主义的言行（如坚称自己信奉一种"刚毅的个人主义，Rugged Individualism"），也有过偏向或貌似干预主义的言行（如要求企业家们保持工资水平、增加投资、扩大就业，举办联邦公共工程、建立复兴金融公司等）。正因为如此，他在去任后遭到了来自自由主义和干预主义两大方面的抨击：自由主义者抨击他采用了过多的干预主义政策，干预主义者则抨击他采用了太少的干预主义政策。因此，假如只是为了竞选的需要，罗斯福也完全可以将胡佛塑造成一个干预主义者或不彻底的自由主义者，自己则通过转向更彻底的自由主义来与胡佛相区分。但是，罗斯福并没有这样做。这又是为什么呢？

对于这个新问题，一个可能的回答是：罗斯福之所以选择转向更彻底的干预主义而不选择转向更彻底的自由主义，是因为当时美国的大多选民更倾向于一种彻底的干预主义战略。如果是这样的话，那么问题就进一步变成：为什么当时美国大多选民更倾向于干预主义而不是自由主义呢？

对于这个问题，一种流行的回答是：因为干预主义战略能够更快更好地解决失业等问题，缓和或者消除经济萧条给人们带来的痛苦，维持社会的正常存在，因而更符合人们的利益。波兰尼在《大转型》一书中对干预主义政策发生的解释基本上就属于这一类。然而，这种回答也无法令所有人满意。我们在后面将会看到，哈耶克等奥地利学派的经济学家们立即就会对此做出反驳：假如没有政府和工会等机构的干预，市场经济体系自身将会以最短的时间和最好的方式来解决失业等问题，消除经济萧条，恢复经济的正常运行。例如，在1929年大萧条之前，由于政府和工会基本不干预或干预程度较低，每一次的经济萧条都非常迅速地得到缓解，萧条持续的时间一般都只有1—2年之久。而1929年开始的大萧条之所以延续如此之久，根本原因就是由于政府和工会对经济过程的强力干预。

在后续的分析中，我们将会看到：对于奥地利学派此类说法的正误，我们并无办法来做出终审性质的判决。但反过来，我们也可以由此做出以下断定：到底是干预主义策略能够更快更好地缓解经济萧条，还是自由主义策略能够更快更好地缓解经济萧条，迄今为止，包括所谓专家和普通百姓在内的所有人其实都没有能力做出确切的回答。因此,假如二十世纪30年代的美国多数选民倾向于干预主义策略而非自由主义策略,那么也不一定是由于前者**在客观事实上真的**能够比后者更快更好地缓解或消除经济萧条给他们带来的痛苦,而只能说是由于这样或那样的一些原因,罗斯福以及美国的多数选民**在主观认知上以为**干预主义政策能够比自由主义政策更快更好地缓解或消除经济萧条给他们带来的痛苦。而干预主义话语的流行及其造成的广泛影响,则无疑是使得罗斯福以及美国多数选民**主观认知上以为**干预主义政策能够更快更好缓解或消除经济萧条的主要原因。

这正是本书作者试图论证的答案。与传统实在论者不同,对于"罗斯福们为什么会做出前述有利于其'新政合法性证明'的那样一些选择而没有做出其他的选择"这个问题,我们的回答是:罗斯福以及其他干预主义的信奉者们之所以会做出上述这样的一些选择,会如此的相信自己对1929年经济危机及其对策所做的分析和证明,正是因为他们对1929年美国经济危机的感受、思考和言说受到了某一特定(干预主义)话语体系的约束和引导,而这一特定的(干预主义)话语体系就是"消费不足论"。

"消费不足论"是一种自19世纪中期就开始流行,迄今仍有重要影响(在非经济学界如历史学界、社会学界、政府官员、新闻记者以及多数普通公众当中甚至占据主导地位)的、有关经济周期及其对策的话语体系。这套话语体系的基本特征是:

1. 以"生产"、"消费"、"收入"、"过度生产"(或"生产过剩")等概念作为自己的基本词汇,并对这些词汇有自己的独特界定(如将"消费"界定为"收入"等);

2. 以宏观经济社会运行层次上各主要变量之间的总量关系作为陈述的主要内容,并尽可能以量化形式加以表述;

3. 以假定条件下的模型建构及其推演式论证作为自己主要的修辞模式;

4. 以宏观经济社会运行层次上"生产"和"消费(收入)"之间的平衡关系作为自己的主要论题;并从生产和消费之间的不平衡入手来解释周期性生产过剩的发生,从自由放任条件下的市场竞争入手来解释生产和消费之间的不平衡,进而主张通过政府对经济社会过程的直接干预来缓解或消除生产过剩。

法国经济学家西斯蒙第(Simonde de Sismondi)是"消费不足论"的主要代表人物之一。在《政治经济学新原理》和《政治经济学研究》等著作中,西斯蒙第详尽、系统地阐述了自己的理论主张。

西斯蒙第认为,在任何情况下,无论是个人还是社会,生产的最终目的都是为了满足人的需要。举例来说,一个离群索居的人,他进行劳动,只是为了满足自己在衣、食、住和精神生活方面的需要。一旦他在期望时间内的这些需要能够得到充分的满足,他就会停止劳动。他不会去为了生产而生产,"他绝对不会只去播种不问收获,只去织布不问衣着,或者只去建筑不问居住;毫无疑问,一旦富裕一些他必然会更高兴,他可以为自己创造一些不必要的、多余的东西。这种富裕是一种想象的快乐;而且这是毫无止境的。一旦多余的东西不能使他的想象感到愉快,而使他感到不需要的时候,他就会停止劳动,因为他觉得通过辛勤劳动换得些许的快乐未免太不值得。"社会和个人也是一样,"尽管社会有了分工,也丝毫没有改变决定社会的动机。在谁也不吃粮食和人人都觉得不需要吃粮食时,社会是不再生产粮食的;在谁也不想穿更多的衣服时,社会是不需要衣服的;在谁也不想住房屋时,社会是不再需要房屋的。"①

不过,需要是通过对生活必需品的消费来实现的,是以对生活必需品的消费为物质基础的:"生产出来的一切的东西,只是由于能为人类的需要而服务才对人类具有价值,而这些需要只有用消费来满足。"②因此,生产的最终目的在形式上就表现为一定量消费品的生产。"生产和消费始终应该保持平衡。生产不应该小于消费,但也不应该大于消费,而应该等于消费。西斯蒙第说:社会的"全部生产都应该用来消费;如果它生产的年产品送到市场上找不到消费者,再生产就会陷于停顿,国家就会由于过剩产品而陷入灭亡。"③

---

① 西斯蒙第:《政治经济学新原理》,何钦译,商务印书馆,1997年,第81—82页。
② 西斯蒙第:《政治经济学新原理》,第69页。
③ 西斯蒙第:《政治经济学新原理》,第63页。

但在现代资本主义社会,消费是由收入决定的。无论个人还是社会,都是收入决定着消费。一方面,消费不可能大于收入,因为在现代市场社会里,社会成员不能无偿取得而只能用自己的收入来购买自己所需要的消费品。"即使社会上有很多人吃不饱,穿不暖,没有合适的房子住,社会也只需要它所能购买的数量。"① 另一方面,消费也不能小于收入,否则就会有部分产品的卖不出去,造成生产过剩。因此,"社会里的人应该使自己的消费适合自己的收入,他所参加的社会也应该遵循同样的规则;它必须、而且也能够每年消费当年的收入,否则它就会崩溃。"② 由此,生产与消费之间的平衡也就转换为生产和收入之间的平衡。无论个人还是社会,生产都必须等于收入。生产如果小于收入,那么就可能会有部分消费需求得不到满足;生产如果大于收入,那么就会有部分产品卖不出去,造成生产过剩。"年收入的总量必须用来交换年生产的总量;通过这项交换,每个人都可以得到自己的消费品,都要取得一笔再生产的资本,要为一项再生产而进行投资,并提出新的要求。如果年收入不能购买全部年生产,那么一部分产品就要卖不出去,不得不对在生产者的仓库里,积压生产者的资本,甚至使生产陷于停顿。"③

遗憾的是,由于制度性的原因,生产大于收入正是现代资本主义社会的一种必然现象。

西斯蒙第指出,虽然生产应该和收入(消费)相平衡,但在现代资本主义制度条件下,由于生产过程是由每个企业家自己来控制的,生产什么、生产多少完全有各个企业主自行决定。在这种情况下,各个企业主不可能准确地知道整个社会到底有哪些(有支付能力的)需要以及各种需要的波动情况。"要确切了解和估计市场上的这种波动是困难的,对于每个生产者来说,这种困难更大,因为,并不是每一个生产者都洞悉其他商人的数目和购买力,以及要和他竞售商品的竞争对手。"④ 他所关注和唯一能做的就是维持和扩大自己的生产,增加

---

① 西斯蒙第:《政治经济学新原理》,第82页。
② 西斯蒙第:《政治经济学新原理》,第63页。
③ 西斯蒙第:《政治经济学新原理》,第76页。
④ 西斯蒙第:《政治经济学新原理》,第201页。

自己的利润收益。扩大生产就意味着要增加自己产品在市场中的份额,而增加市场份额的主要办法就是降低生产成本(通过降低工资水平、提高劳动生产率以节省原料或劳动等具体方式)。"如果厂主卖得更便宜些,他就能多卖一些,别人会卖得少些。因此,厂主总是尽量节省劳动或原料,使他能比同行卖得便宜些。"① 但一个工厂主如果成功了,其他的工厂主就也会起而效仿,其结果,一方面是生产能力及其规模的不断扩大,另一方面则是所用劳动成本或者说工人的工资收入在整个国民收入当中所占比重的不断缩小,最终造成整个社会的生产总量超过收入(消费)总量,导致生产过剩。西斯蒙第举例对此加以说明:

> 竞争的结果首先就是降低工资,同时使工人的数目增加。假设一个布厂有一百个工人,每个工人每年挣三百法郎;他们的年生产可能是一万欧纳布匹,他们的收入和他们的消费将达到三万法郎。十年以后,在同一个工厂里,每年只挣二百法郎的工人有二百个,(但)生产就会提高一倍,他们就会生产出二万欧纳同样的布匹。但是,他们的收入和他们的消费只能提高到四万法郎。因此,工人的收入并没有随着生产的提高而增加。
>
> (假设)在(这)同一个工厂里,拥有十万法郎的流动资本,每年给工厂主增殖的利润是一万五千法郎,厂主从中给资本家支付了百分之六的利息,也就是说他拿出了六千法郎,他个人还有九千法郎。资本的增加和利率的降低,使他有可能扩大他的营业,并且能使他只满足于一项小小的利润,因为他所运用的资本数量更大了。(假设)他在自己的工厂里(又)投入了二十万法郎的资本,只付出百分之四的利息,或者说只给资本家八千法郎;他给自己留下百分之八的利润,可能他认为自己的营业很不坏,因为他的收入从九千法郎提高到一万六千法郎,而资本家的收入也由六千法

---

① 西斯蒙第:《政治经济学新原理》,第 207 页。

郎增多到八千法郎。同时他们的生产也提高了一倍；而他们的收入以及随之而来的消费，只不过是五与八之比，略微提高了一些罢了。

工厂主还利用充足的资本给他的工厂增添了新的、相当先进的机器，以便使他的年生产再提高一倍。他（又新加）用了二十万法郎的资本，目的是要取得更高的利润，因为这样他可以和第一批的二十万法郎得到同样多的利润（这二十万法郎已变成流动资本），就是说，他自己得百分之八，资本家得百分之四，合计是二万四千法郎。

但是，这时候的消费降低了。十年前，产品为一万欧纳布匹，代表消费的收入是四万五千法郎，就是说，工人得三万法郎，资本家得六千法郎，而工厂主得九千法郎。现在，产品是四万欧纳同样的布匹，代表消费的总收入只是八万法郎①，就是说，工人的收入为四万法郎，供给他流动资本的资本家收入为八千法郎，供给他固定资本的资本家收入也是八千法郎，而工厂主的收入为三万二千法郎，其中一万六千法郎是流动资本的利润，另外一万六千法郎是固定资本的利润。生产增加了三倍，而消费连一倍也没增加到。……

但是，当生产提高三倍而收入只增加一倍的时候，就必须在其他某个地方有一个收入增加三倍、生产只提高一倍的工厂；否则就会给商业造成商品过剩，造成销售的困难，以致最后遭受损失。每个工厂主都要依靠陌生人，依靠外国的；他总是认为在某种其他行业里会有一些他所不了解的新收入；但是，所有的工厂都是一样，每个外国都有联系，把互相比较各国的价格，那种最初只适用于一个工厂的计算，很快就会适用到整个国家；最后适用到人所共知的整个世界市场。

---

① 根据前后文的信息，应当是"八万八千"法郎。

西斯蒙第指出，

> 我们方才所介绍的事实是普遍存在的；任何工厂如果不是在既对所有的工人保持同样的工资、又能雇佣新工人和使用更多资本而对各项资本支付同样利息的情况下扩大自己的工厂，那么他算一下本厂的总账，也会得到同样的结果。如果他不仅仅考虑个人，而且也考虑他在国内所经营的企业部门，他就会看到同样的结果。商业可能扩展，但是这种扩展是以缩减从前每项工资和每一千法郎的利息为基础的，可是，消费却不能以和生产同样的速度增长，所以，总的结果决不是更大的繁荣。①

以上还只是工厂主简单地通过降低工人工资水平来扩张生产规模所造成的结果。在工厂主采用技术进步、提高劳动生产率来扩张生产规模的情况下，生产和收入（消费）之间的比例失调也会出现。

仍然以上述假设的布厂为例：设该厂有100个工人，年生产1万欧纳布匹，每个工人每年挣300法郎，工人的收入达到3万法郎；企业拥有的资本为10万法郎，利润率为15%，由工厂主和资本家共同占有的企业利润即为1万5千法郎。设收入完全被消费，那么工人和工厂主、资本家三者合计拥有4万5千法郎的消费量。

十年以后，在同一个工厂里，工人仍为100个，但由于采用了新生产技术，劳动生产率提高了3倍（每人年生产400欧纳布匹），生产因而也扩大了3倍，年生产4万欧纳同样的布匹。设每个工人每年仍挣300法郎，则工人的收入和消费仍然只是3万法郎。假设企业占用的资本也增加到40万法郎，利润率同前面假设的一样也降低至12%，则工厂主和资本家共同占有的企业利润为4万8千法郎。设收入完

---

① 西斯蒙第：《政治经济学新原理》，第241—243页。需要指出的是，西斯蒙第在这里所做的分析是以收入等于消费（即所有的收入都会被消费）的假设为前提的。离开这个假设的前提，其分析并不一定成立：假如消费总是会小于收入或者其占收入的比例随收入的增加而递减，那么在上述情形下，生产大于消费的情况会变得更加严重；假如消费可以大于收入，那么在上述情形下，生产与消费之间失调的情况就可能会有所缓和甚至消失。

全被消费,那么工人和工厂主、资本家三者合计拥有的收入即消费量为7万8千法郎。结果和前面一样,"生产增加了三倍,而消费连一倍也没增加到。"

当然,假设十年后每个工人的工资能够增加到400法郎一年,那么工人的收入和消费会增加到4万法郎。在资本数量和利润率等条件不变的情况下,工人、工厂主和资本家三者共同拥有的收入即消费力将增加到8万8千法郎。总收入虽然有所提高,但也并没有随着生产的提高而等比例增加。只有当工人人数不变,但工资普遍增加到以前的4倍即1200法郎,且企业利润率也始终维持在15%的水平时,工人、工厂主和资本家共同拥有的总收入即消费力才会以与生产力同等的比例增长(18万法郎:其中,工人的收入增加到1200法郎×100人=120000法郎,工厂主和资本家的收入增加到40万法郎×15%=60000法郎)。然而,在自由竞争的条件下,由于市场竞争的压力,这种情况永远不为成为现实。一方面,出于提高竞争力的考虑,工厂主一般只会尽量压低工人的工资水平,即使不得不提高工人工资水平时,也不会让工人的工资水平与劳动生产率水平同等程度地提高,而是要压低工资的增长速度;另一方面,新生产技术在更多同行企业中的采用,同行企业的平均利润率也必然会逐渐降低。因此,最终结果就只能是造成生产和收入(消费)之间的比例失调。①

西斯蒙第指出,在后面这一例子中,使得生产经常性地超过收入(消费)的不是技术进步本身,而是严酷的市场竞争。"生产者彼此间为了争夺主顾而展开的竞争总是要求企业不管商业领域的需求如何,以更低的生产费用来进行生产。"②如上已提及的那样,竞争的结果首先就是降低工资,其次便是降低企业的利润率,最终则是导致社会总收入即消费的降低,导致生产和消费之间的失调。

有人认为,当生产大于收入造成生产过剩时,可以通过降价销售来增加消费,以促成生产和收入(消费)之间的平衡。西斯蒙第认为,

---

① 出于叙述方便起见,我们沿用了上面的例子。西斯蒙第在《政治经济学新原理》一书中用了另外的例子(见该书第506—512页),但其中的道理是一样的。

② 西斯蒙第:《政治经济学新原理》,第240页。

这种看法是短视的。降低物价虽然能够创造出更大的消费,"但是,这并不会有好的结果。"消费品可以大体分为奢侈品和生活必需品两类。前者是为富人消费的。"如果生产者投入市场的奢侈品比富人的收入多一倍,而且他们又非要把这些东西出售不可,他们就不得不用这些物品的总量来同富人收入的总量进行交换,也就是说,要赔百分之五十的账。作为消费者来说,富人用廉价得到了自己不太需要的东西,可能认为占了便宜;但是,他们是得不偿失的,因为他们失去的正是他们必不可少的东西。他们在出售年产品时损失的百分之五十,要由他们的资本和收入平均担负。他们的收入减少了,来年的消费就要减少;他们的资本减少了,他们以后每年使用穷人的劳动量也就要减少,因此也就要减少他们的收入。"同样,对于生活必需品来说也是如此。"如果生产者投入市场的生活资料比穷人的工资多一倍,他们就不得不用穷人的工资的价值把自己的货物抛售出去,也就是说,要受百分之五十的损失。作为消费者的穷人来说,这一年他们是占了一些便宜;但是,生产者的资本的和收入损失了百分之五十的情况,翌年就会严重地影响穷人。富人所损失的全乎收入都要从自己的消费中扣除,因此,对穷人的劳动果实的要求就更少了;富人所损失的全部资本要从他所支付的工资中去扣除,这样一来,他对于作为穷人收入的劳动也就要求的更少了。"①可见,降价销售并不能真正促成生产和收入之间的平衡。当生产力增长了的时候,要想继续维持生产和收入(消费)之间的平衡,就必须使收入(消费)也同等程度的增加。

根据上面的分析,西斯蒙第首先批评了李嘉图和萨伊等人关于生产可以无止境地扩大的主张。萨伊和李嘉图都认为,生产能够自己创造出需求,因此生产和消费之间的失调是不可能出现的。"产品的需求只是受生产限制的,因此无论资本多大,没有任何资本在一个国家不能应用的。没有一个人不是为了消费或者为了出卖产品而生产的;如果不是为了购买自己迫切需要的东西,不是为了购买供以后生产使用的东西,谁也不肯出卖什么。因此,生产者要么就是自己产

---

① 西斯蒙第:《政治经济学新原理》,第83页。

品的消费者,要么就是另外某个人的产品的购买者和消费者。"①西斯蒙第认为这种看法完全不能解释现实生活中反复出现的生产过剩现象。其主要错误即是在于混淆了年生产和年收入,而"只需把年生产和年收入分开,就会一目了然,一切事实就会和理论相符"。② 那时我们就能理解,正如上面所分析的那样,在现有的社会组织条件下,盲目扩大生产并不会给人们带来幸福;相反,只会带来灾难。

根据上面的分析,西斯蒙第还提出了缓解和消除生产过剩危机的一些政策主张。西斯蒙第明确地反对斯密等人的自由放任主义政策,主张政府对经济社会过程直接或间接地加以干预。西斯蒙第说,上述例证"彻底推翻了政治经济学方面一个最为大家特别坚持的公理,即:最自由的竞争,决定着工业的最有利的发展;因为每个人对自己的利益比庸碌无能和漠不关心的政府了解得更透彻,而每个人的利益就是大家的利益。"西斯蒙第认为,这两个公理本身都正确,但其结论确是错误的。"包括在所有其他人的利益中的个人利益确实是公共的福利;但是,每个人不顾别人的利益而只追求个人的利益,同样,他自己力量的发展并不包括在与他力量相等的其他人的力量之内;于是最强有力的人就会得到自己所要得的利益,而弱者的利益将会失去保障;因为人们的政治目的就在于少损失多得利。"就上述工厂而言,"我们就会看到个人利益乃是一种强取的利益,个人利益常常促使它追求违反最大多数个人的利益,甚至归根结底可以说是违反全人类的利益。"③上述分析表明,"商业财富的发展不需要政府干预的说法是绝对不正确的;政府对商业财富发展的自由竞争完全任其自流,并不会因此就杜绝某种压迫或使多数人免遭过分的痛苦,也许由于财富的发展,普遍的困难和最后的破产会轮到地位最高的人头上。"④因此,同斯密等人的主张相反,他主张政府应该采取适当的政策来对经济社会过程加以干预,使生产和收入(消费)之间始终能够

---

① 李嘉图:《政治经济学及赋税原理》,商务印书馆,1962年,第247页。转引自西斯蒙第:《政治经济学新原理》,第220页。
② 西斯蒙第:《政治经济学新原理》,第221页。
③ 西斯蒙第:《政治经济学新原理》,第243页。
④ 西斯蒙第:《政治经济学新原理》,第246页。

处在一种大致平衡的状态,从而使得生产和收入(消费、需求)都能够稳步地向前迈进。西斯蒙第明确地说:"我们阐述的见解与亚当·斯密发表的见解之间的主要区别就是:亚当·斯密一直反对政府干预一切有关增加国民财富的事,我们却一再呼吁政府对此进行干预。"①他明确要求"政府应该保护居民不受竞争的危害,"②指出"除非国家通过一些好像和增加财富的纯经济目的相反的制度,就不能改善分配,就不能保证创造享受资料的人得到更多的享受",③认为"当财富逐渐地均衡地增加时,当他的任何部分都不是过分迅速地发展时,这种增加才能造成普遍的福利,……也许政府的职责就是延缓这种运动,调节这种运动。"④

西斯蒙第提出的上述理论似乎能够很好地解释资本主义社会里频繁发生的、以生产过剩为特征的经济危机,因而一经发表便在社会上产生了重要而又深远的影响。西斯蒙第自己在《政治经济学新原理》一书中描述到,人们认为"我以前所作的解释跟事情的结果完全符合一致。也许正是由于这种一致,我这本书竟大为畅销。"⑤自西斯蒙第的《政治经济学新原理》之后,"消费不足论"便在西方资本主义社会中逐渐流行开来,成为人们用来解释周期性经济危机的一种主要话语系统,迄今仍盛行不衰。

显然,罗斯福前述"新政合理性证明"正是一套属于"消费不足论"这种由于西斯蒙第的系统阐发而流行开来的话语。比较一下西斯蒙第的上述理论话语与罗斯福对其"新政"合法性进行证明时所使用的那些话语,我们可以看到,无论是在基本词汇及词义的采用方面(生产、消费、有支付能力的购买力、消费不足、生产过剩等),还是在陈述的模式或风格方面(宏观经济社会运行层次上的量化陈述),在主题的论证逻辑方面(现行制度或政策导致了无序竞争、无序的市场竞争导致了消费不足、消费不足导致了生产和消费之间的失调、生产

---

① 西斯蒙第:《政治经济学新原理》,第460页。
② 西斯蒙第:《政治经济学新原理》,第262页。
③ 西斯蒙第:《政治经济学新原理》,第61页。
④ 西斯蒙第:《政治经济学新原理》,第244页。
⑤ 西斯蒙第:《政治经济学新原理》,第6页。

与消费之间的失调造成了生产过剩的危机等),乃至在对主题进行论证时所举的例证方面(布匹生产商之间的竞争),二者之间都何其相似乃尔!

虽然无法判断罗斯福是否直接受到西斯蒙第著作的影响,但根据有关史料,确凿无疑的是,在罗斯福生活的时代,"消费不足论"在美国有着广泛的影响。首先是对知识分子具有重要的影响。不少知识分子相信"消费不足论"对经济危机所做的解释,并明确地将其应用于1929年发生的大萧条。卡钦斯(Waddill Catchings)和福斯特(William Trufant Foster)就是其中的重要代表人物之一。卡钦斯和福斯特合作撰写了一系列著作,如《货币》(*Money*,1923)、《利润》(*Profits*,1925)、《没有买者的商业》(*Business Without a Buyer*,1927)、《通往富裕之路》(*The Road to Plenty*,1928)、《进步和富裕》(*Progress and Plenty*,1930)等。在《利润》、《通往富裕之路》等著作中,卡钦斯和福斯特明确地用"消费不足论"的观点来解释1929年发生的美国大萧条。根据他们的解释,"由于工资以一种低于生产率的速度增长,由生产率增长带来的利益大多变成了利润,这些利润则流入了股票市场而非消费者的荷包。但只要企业持续扩张它们的资本设施,经济就还能够维持繁荣局面。在柯立芝政府和企业的压力之下,美联储通过保持较低的贴现率来鼓励企业投资。至20年代末,资本投资已经创造了远超可以获利方式来加以利用的工厂,工厂则生产了远超消费者能够购买的产品。"[①]按照他们的解释,大萧条的根本原因就在于全球性的过度投资使得生产能力远远超过了收入或消费能力。解决问题的主要办法就只能是通过政府的一些措施来充实消费者的荷包,如对购买力进行再分配,以及通过一些大型公共工程的建设来增加支出即消费能力等。卡钦斯和福斯特对大萧条所做的这种解释在20年代据说也产生了非常广泛的影响,尤其是对胡佛、罗斯福以及时任美联储主席的艾克尔斯(Marriner Eccles)产生了重要影

---

① William Trufant Foster and Waddill Catchings, *Profits*, Boston and New York: Houghton Mifflin company, 1925; *The Road to Plenty*, Boston and New York: Houghton Mifflin company, 1928.

响。罗斯福总统在连任就职演说中使用的一个短语"三分之一的人吃不好、穿不好、住不好"(one-third ill-fed, ill-clothed, ill-housed)据说就是来自于卡钦斯的表达。①

此外,罗斯福政策制定团队中的一些主要人物,如特格韦尔等在思想上据说也属于典型的消费不足论者。按照小福尔索姆的描述,罗斯福在任纽约州州长时,就开始受到后者等人的影响。"作为纽约州州长,罗斯福常常宴请哥伦比亚大学的一帮教授,这些教授组成了他的'智库',他们给他介绍了学界流行的各种积极性观点。这些顾问中的一些人,尤其是雷克斯福德·特格韦尔,就倡导消费不足论,没多久罗斯福就在智库帮他起草的演讲中提到了'消费不足'。"②

"消费不足论"这套话语不仅对部分知识分子、罗斯福的顾问班子及罗斯福产生了影响,而且在更广大的范围内对包括企业界人士、政府官员和普通公众在内的美国社会成员都具有广泛的影响,甚至成为20世纪20年代美国社会的"主流思潮"。按照罗斯巴德的记述,1931年一位名叫利奥·乌尔曼(Leo Wolman)的美国教授就在一篇文章中提到当时许多商界领袖和政府官员都深受这种主流思潮的影响,认为"高额的和逐步上升的工资对于购买力的完全流动是必要的,所以这对于商业繁荣也是必要的";"削减劳工收入不是医治商业萧条的方法,而只是萧条的直接原因";"生产需要依靠消费能力"。因此,这为教授说他判断"大制造商和生产商将维持工资和薪水,并以此为长远之策",而"最终这将起到很好的效果。"③1931年5月,胡佛政府的财政部长梅隆在一次讲话中说"需要记住的是最重要的因素就是购买力"。④ 1931年9月,通用电气公司的总裁杰拉尔德·斯沃普则主动向国家电气制造商协会提交了一份计划,要求强制性地将各行各业纳入各类行业协会,在联邦政府的管理下调控并稳定物价与生产,以调节生产和消费。据说包括美国商会主席哈里曼(Henry I.

---

① http://en.wikipedia.org/wiki/Waddill_Catchings
② 伯顿·W.小福尔索姆:《罗斯福新政的谎言》,第44页。
③ Leo Wolman, *Wages in Relation to Economic Recovery*, Chicago: University of Chicago Press,1931;转引自罗斯巴德:《美国大萧条》,第365页。
④ 转引自罗斯巴德:《美国大萧条》,第366页。

Harriman)在内的多数美国商会成员都对此计划表示支持。① 以此看来,乌尔曼所言大概不虚。

总而言之,认为罗斯福及其信奉者们之所以会做出前述那样的一些选择,会如此的相信自己对1929年经济危机及其对策所做的分析和证明,是因为他们(以及诸多当时支持他们的企业界人士、政府官员和普通公众)对1929年美国经济危机的感受、思考和言说受到了"消费不足论"这一特定干预主义话语体系的影响、约束和引导,在逻辑上应该没有什么太大的问题。反过来,也只有对"消费不足论"这套话语系统有了比较深入的了解之后,我们才能够对罗斯福及其支持者们的言行有一种更为妥当的理解。

有人或许会提出异议说:我承认你在上面所做的这些分析是有道理的,但它充其量不过是说明了罗斯福等干预主义者的言行的确是受到了"消费不足论"这一话语系统的影响和约束而已,而并不能证明罗斯福等人在这一话语系统的引导和约束下对大萧条起因所做的分析及结论("从自由放任主义向干预主义的战略转型是一种历史的必然")本身就是有问题的、或不能成立的;假如我们能够证明在大萧条的解释和应对方面"消费不足论"是唯一正确、可取的理论话语,那么罗斯福等人在这一话语的引导和约束下对大萧条起因和对策所做的分析及结论就当是唯一正确的、可取的,尽管它在细节上可能会存在一些问题。

我认为,这种异议并非没有道理。的确,假如人们真的能够如上假设的那样,证明在大萧条的解释和应对方面"消费不足论"是唯一正确、可取的理论话语,那么罗斯福等人在这一话语的引导和约束下对大萧条起因和对策所做的分析及结论的确就可能是唯一正确的、可取的;仅仅指出罗斯福及其支持者们在对大萧条的起因和对策进行分析是受到了这一话语的引导和约束,并不足以证明本书想要说明的那个观点,即:"从自由放任主义向干预主义的战略转型并非是一种历史的必然性,而是一种话语的建构。"换句话说,除非我们能够进一步证明在大萧条的解释和应对方面"消费不足论"**不**是唯一正

---

① 参见罗斯巴德:《美国大萧条》,第376—383页。

确、可取的理论话语,除了"消费不足论"之外,尚有或完全可以有其他一些理论话语存在,这些理论话语不仅在对大萧条及干预主义的起源方面有着十分不同的说法,而且对于这些不同说法之间的真假、对错,我们并无可靠的途径与方式来加以终极性的甄别和判断——否则我们在本书中所做的说明就是不充分的。

我认为,这进一步的证明是完全可以做出来的。其实,熟悉经济学文献的人都知道,在大萧条的解释和应对方面,"消费不足论"的确不是唯一的理论话语,在"消费不足论"之外的确有着其他一些理论话语(如"投资不足论"、"货币主义"、"奥地利学派"等)存在,在对大萧条及干预主义的起源方面这些理论话语之间的确有着不同的说法。唯一需要再进一步加以说明的就是:对于这些不同说法之间的真假、对错,我们的确并无可靠的途径与方式来加以终极性的甄别和判断。假如这最后一点说明得以完成了,本书的基本论点("从自由放任主义向干预主义的战略转型并非是一种历史的必然性,而是一种话语的建构")也就基本证成了。在以下篇幅中,我将尝试来完成这一任务。

第四章 罗斯福等人为什么会做出并相信自己的分析?

第五章 凯恩斯:"投资不足"与干预主义的必要性

"消费不足论"只是"干预主义为历史必然论"的主要版本之一。"干预主义为历史必然论"的另一种版本则可以称之为"投资不足论",其主要来源是凯恩斯主义的经济学分析,这种解释在二战之后的西方国家曾长期流行并占主导地位。

"投资不足论"既是以自由放任主义作为自己的论争对象,又是以"消费不足论"作为自己的论争对象。如前所述,十九世纪流行的西方古典经济学理论一般都认为市场经济体制本身在产量和就业方面具有自动实现均衡运作的能力;虽然由于这样或那样的一些原因,在市场经济的运作过程中会发生一定的失衡和波动,导致工厂关闭、工人失业等现象出现,但在存在着自由竞争、没有外来干预的条件下,通过自身具有的调节机制,市场经济本身终将逐步消除这种失衡和波动,使经济运作过程恢复到均衡状态。① 按照当时流行的这些古

---

① 以产量为例。具体而言,当某种产品供过于求时,价格将下降,一方面通过提升购买力使需求得以增加,另一方面通过降低预期利润率使产量得以收缩,最终使供求两者逐渐达到均衡状态;反之,当某种产品供不应求时,价格将上升,一方面通过降低购买力使需求萎缩,另一方面通过提高预期利润率使产量得以增加,最终使供求两者逐渐达到均衡状态。就业量的调节机制也大致如是,因为劳动力无非是一种特殊的产品而已。

典经济学理论,自由资本主义的市场经济不可能发生长时期、大规模的经济萧条现象。很自然,这些理论被认为无法充分有效地解释1929—1939年在世界范围内所发生的那场的"大萧条"。

"消费不足论"是大萧条初期包括罗斯福在内的多数人用来解释和应对大萧条的主要理论话语。然而,"消费不足论"对周期性经济萧条所做的分析却被认为存在着重要的缺陷。以西斯蒙第所阐述的"消费不足论"版本为例,其中存在的几个重要缺陷就是:

1. 将"供求平衡"中的"需求"仅仅等同于"消费需求",忽略了"投资需求"在生产和经济增长过程中的作用;

2. 将"消费需求"又简单地等同于"收入水平",自觉或不自觉地以为所有的收入都可以转化为消费需求,忽略了消费需求不等于(尤其是低于)收入水平的情况;

3. 假定工资和利润率的增长率总是要低于生产的增长率,完全排除了工资和利润率的增长率等于或高于生产增长速度的情况。

西斯蒙第对生产过剩现象之必然性的分析正是以上述三个方面的假设为前提的。正是因为他把市场需求仅仅等同于"消费需求",又把"消费需求"等同于"收入",并进而假定在市场竞争的压力下,为了增强竞争力,扩大生产规模和市场占有率,企业家总是试图压低劳动报酬和利润率,导致工资和利润率常常低于生产规模扩大的速度,才能够合乎逻辑地推演出"市场竞争必然导致生产超过消费"的结论。如果我们意识到市场需求不一定等于消费需求,意识到消费需求也不一定等于收入,以及意识到工资和利润率的增长速度不一定小于生产扩张的速度,那么,西斯蒙第对市场竞争条件下生产必然超过消费的论证也就成了问题。

我们仍以西斯蒙第假设的布厂为例:该厂有100个工人,年生产1万欧纳布匹,每个工人每年挣300法郎,工人的收入达到3万法郎;企业拥有的资本为10万法郎,利润率为15%,由工厂主和资本家共同占有的企业利润即为1万5千法郎。设收入完全被消费,那么工人和工厂主、资本家三者合计拥有4万5千法郎的消费量。

十年以后,在同一个工厂里,工人增加到200个,生产因而也扩大了1倍,年生产2万欧纳同样的布匹。但工人的工资下降了,每个工人每年只挣200法郎,则工人的收入和消费增加到4万法郎。在生产技术不变的情况下,企业占用的资本增加到20万法郎,但利润率也降低至12%,则工厂主和资本家共同占有的企业利润为2万4千法郎。设收入完全被消费,那么工人和工厂主、资本家三者合计拥有的收入即消费量为6万4千法郎。结果就是西斯蒙第所说的那样:生产增加了1倍,消费则只增加了0.7倍;出现了生产(供给)大于消费(需求)即所谓"生产过剩"的情况,有三成新产品的价值得不到实现。

但是现在我们假定:该工厂年生产出来的产品除了要提供给工人和工厂主、资本家消费之外,还需要提留一部分用于扩大再生产的投资,并且假定扩大再生产的投资额度正好与这剩余的三成产品的价值相等。这样一来,供求之间的平衡就将得以维持,生产过剩的情形不会发生。

或者,我们做出这样的假定:虽然在设定时期内该工厂生产出来的产品不需要提留部分用于扩大再生产投资,但社会上存在着一系列可以让消费者以预支方式进行消费的制度安排(如分期付款、信用卡透支等),并且假定消费者以预支方式实现的消费数量正好与剩余的三成产品的价值相等,那么,供求之间的平衡也就将得到维持,生产过剩的情形也不会发生。

再或者,我们做出这样的假定:虽然该工厂在设定时间段内生产出来的产品不需要提留部分用于扩大再生产投资,但工人的工资水平和企业利润率与十年前一样保持不变(即工人的工资仍为每人每年300法郎,企业利润率仍然保持15%的水平)。在这种情况下,200个工人的年总收入将达到6万法郎,工厂主和资本家的总收入将达到3万法郎,工人、工厂主和资本家的总收入将达到9万法郎。与十年前相比,正好也是增加了1倍,与产品增加的数量相等。因此,按照这种假定(以及收入完全被消费的假定),生产过剩的情形也将不会出现。①

因此,干预主义者需要有一种新的理论话语,借助于这种理论话语,人们可以在上述三个新的前提条件(存在投资需求、预支消费以及工资与利润率可能与生产数量等比增加的情况)下也能够证明以下论点:自由放任主义政策必然导致生产过剩的危机出现,要缓解或消除生产过剩的危机就必须采用干预主义的政策。凯恩斯的理论正是这样一种新的干预主义理论话语。

与西斯蒙第等从"消费不足论"框架出发来论证干预主义的人士一样,凯恩斯的基本观点也是:由于这样或那样的一些原因,自由放任的市场经济体制没有能力有效消除在自身的运作过程中必然发生的周期性失衡和波动;要想消除或"熨平"资本主义经济运行过程中的周期性波动,维护资本主义经济运行的相对均衡状态,就必须借助于政府等外部力量的干预。然而,凯恩斯试图以一种与"消费不足论"有所不同的理由为据来对干预主义的立场加以论证。

凯恩斯关于经济周期的解释是以他的"有效需求"理论为基础的。所谓"有效需求",指的是"雇主雇佣 N 个人所生产产品的总供给价格 Z"与"雇主所预期的由雇佣 N 个人所获得的收益 D"相等时所形成的总需求。② 有效需求又由消费需求和投资需求两部分所构成。消费需求水平又主要由所谓"消费倾向"(即"以工资单位计算的特定收入水平"Y_w 和"该收入中用于消费支出的数量"C_w 之间的函数关

---

① 在西斯蒙第著作中,还有如下假定:工厂主投资 20 万法郎购置先进设备以改进生产技术,提高劳动生产率,使工厂的产量在不增加工人数目的情况下又增加了 1 倍,即增加到年生产 4 万欧纳布匹的规模。在利润率仍保持在 12% 的条件下,工厂主和资本家的利润总额将达到 4 万 8 千法郎。设收入完全被消费,那么工人和工厂主、资本家三者合计拥有的收入即消费量则为 8 万 8 千法郎。和初期相比,生产增加了 3 倍,但消费连 1 倍也没有增加。因此,生产和消费之间的差额更大了。但这一分析也只有在前述三个有缺陷的假定条件下才能够成立,如果我们像这里一样提出三个新的假定,那么生产和消费之间的平衡就仍将得以维持,生产过剩现象也不会出现。

② "设 Z 为雇佣 N 个人所生产产品的总供给价格,那么 Z 与 N 的关系可以表达为 $Z = \Phi(N)$,这可称之为总供给函数。同样,设 D 为雇主所预期的由雇佣 N 个人所获得的收益,那么 D 与 N 的关系可表达为 $D = f(N)$,这可称之为总需求函数。"当 $Z = D$ 时,雇主的预期利润达到最高值,此时所获得的就业量即为均衡就业量,所形成的需求即为有效需求。凯恩斯:《就业、利息和货币通论》,宋韵声译,华夏出版社,2005 年,第 20—21 页。

系)所决定;投资需求水平则主要是由资本边际效率和利息率所决定,只有当资本边际效率高于利息率时,资本家才会愿意投资。资本边际效率又取决于资本的预期收益和资本资产的供给价格(或重置成本),利息率的高低则取决于货币市场上货币的供给状况以及人们的流动性偏好。可以把上述关于"有效需求"的概念和理论框架用图表示如下:

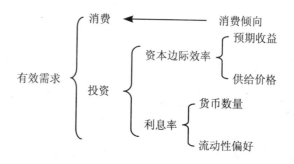

凯恩斯认为,一国(或地区)的就业量(N)取决于该国(或地区)的总生产(供给)量,而一国(或地区)的总生产(供给)量最终又取决于该国(或地区)的有效需求水平。换句话说,如欲维持或达到一定就业量和生产量,就必须维持或达到一定有效需求数量,否则就难以如愿以偿;如果该国(或地区)的有效需求持续增长,该国(或地区)的生产和就业就将持续增长,反之就将出现经济衰退。凯恩斯认为,自由市场体制下周期性的经济繁荣和衰退正是由于有效需求的周期性变化所造成的。

在萨伊和李嘉图等古典经济学家那里,供求之间的平衡从长期来看是不会大的问题的。因为供给自己会创造出需求,因而从长期和整体来看需求永远会和供给相一致。凯恩斯认为,这种假设是完全错误的。

凯恩斯分析说,在上述影响有效需求的各种因素当中,从**短期**来看,消费倾向相对而言是比较稳定的。影响消费倾向的因素有两大类:一类是客观因素,如工资单位的变化、收入与净收入之间差额的变化、资本价值的变化、时间贴现率的变化、财政政策的变化、人们对现在与将来收入水平差距之期望的变化等;另一类是主观因素,如为应急而进行储备的考虑、压抑当前消费以获取未来满足方面的考虑、将遗产留给后代的考虑等。凯恩斯认为,在短期内,这两方面的因素都不会有较大的变化,从而使一个社会或地区的消费倾向呈现出相对的稳定性。凯恩斯写道:"在一个给定的情况下,假如我们取消工资单位的变化,则消费倾向大概是一个相当稳定的函数。资本价值的意外变化将使消费倾向产生变化,利率和财政政策的重大变动也将使消费倾向发生变化,但除此以外,其他可以影响消费倾向的客观因素虽然不可忽视,但在通常的情况下,它们的作用不大可能是重要的";①在短期内,"主观的与社会的动机的主要背景的变化是极其缓慢的"。据此,可以得出这样一个结论,即:"在短期内消费量的变化在很大程度上取决于收入的变化,而不是取决于特定收入量下的消费倾向的变化。"②

凯恩斯由此提出了一条消费倾向的基本心理规律:"在一般情况下,平均说来,当人们收入增加时,他们的消费也会增加,但消费的增加不会像收入增加得那么多";"在通常情况下,收入的绝对量越大,收入和消费之间的差额也就越大。"③换句话说,如果用 C_w 代表消费量,Y_w 代表收入,ΔC_w 代表新增消费量,ΔY_w 代表新增收入,"那么,ΔC_w 和 ΔY_w 会具有相同的正负号,但前者小于后者,即 dC_w/dY_w 为正值,但比值小于1。"④由于这条规律的存在,使得消费需求通常不能够随总收入(总供给)的增长而等量增长(收入和消费需求之间的差额将以储蓄形式存在),这就在总收入(总供给)与有效需求之间造成了一个缺口。无疑,这个缺口只能够通过投资需求的增加来加以弥补。就业量和总供给"只能随着投资量的增加而增加,除非消费倾向确实发生了变化。其原因就在于,当就业量(和总供给)增加时,由于消费者的开支小于总供给价格的增加,所以除非投资的增加能填补二者之间的差距,否则已增加的就业量就会成为无利可图

---

① 凯恩斯:《就业、利息和货币通论》,宋韵声译,华夏出版社,2005年,第75页。
② 凯恩斯:《就业、利息和货币通论》,第86页。
③ 凯恩斯:《就业、利息和货币通论》,第76页。
④ 凯恩斯:《就业、利息和货币通论》,第76页。

的事。"①

凯恩斯还以一种含糊其辞的方式表达了这样一个规律:随着收入水平的提升,人们的边际消费倾向有不断降低之势。换句话说,人们的收入水平越高,人们用来消费的收入部分在收入当中所占的比例相对就越低。若还用上面的符号来表述,那就是:dCw/dYw 的值会随着收入水平的提升而不断降低。这就是所谓的"边际消费倾向递减规律"。这一规律的存在会使总收入(总供给)与有效需求之间的平衡变得更为困难,因为这意味着总收入(总供给)与有效需求之间的缺口将会随着收入水平的提高而日趋增大,有比例越来越大的有效需求需要通过投资需求的增加来加以弥补。

假如这一规律确实存在,那么我们就可以推出以下若干定律:

(1)越是富裕(即经济发展水平越高)的社会,其总收入(总供给)与有效需求之间的缺口将会越大,需要通过投资需求的增加来加以弥补的需求比例会越大(因此,随着经济发展水平的不断提高,供求之间的平衡将会越来越困难);

(2)越是富裕的群体,其边际消费倾向就越低,故收入分化程度越高的社会,其总收入(总供给)与有效需求之间的缺口也将会越大,需要通过投资需求的增加来加以弥补的需求比例也会越大。

因此,在凯恩斯的分析中,投资需求的不断增长对于供求均衡的维持具有关键性的作用。投资需求由资本边际效率和利息率所决定。在凯恩斯这里,所谓"资本边际效率"不是指资本在使用过程中实际实现的边际效率,而是指投资人在进行一项投资时预期将有的资本边际效率,它等于资本资产增加一个单位时的预期收益(而非实际实现的收益)与这一单位资本资产的供给价格之间的比率(而所谓资本资产的供给价格,也不是指在市场上购买这一单位资本资产时实际支付的市场价格,而是指能诱惑厂商新增加生产一单位该资本资产所需要的市场价格)。简言之,所谓"资本边际效率"就是资本资产新增加一个单位时的预期利润率。一项投资是否会发生在很大程度上取决于它给投资人可能带来的"边际效率"即预期利润率的高

---

① 凯恩斯:《就业、利息和货币通论》,第77页。

低:预期利润率水平越高,这项投资行为发生的概率就越高,反之则越低。

但投资需求并不单纯由资本边际效率决定。除了资本边际效率之外,投资人在决定是否进行一项投资时还需要考虑的一个重要因素就是:使用这笔资金进行投资时可能需要支付或损失的利息。只有当这笔资本资产的边际效率大于其利息率时,投资人才会愿意进行这笔投资。所以利息率的变化也会影响投资需求的变化。利息率的变化又取决于货币供应数量和人们的"流动性偏好"(即人们对现金等具有流动性的资产形式的偏好)①这两个因素。在资本边际效益一定的情况下,货币数量不变,流动性偏好增强(或减弱),利息率将上升(或下降),从而减少(或增大)投资需求;流动性偏好不变,货币数量相对减少(或增加),利息率也将上升(或下降),从而减少(或增大)投资需求。

不过,和消费倾向类似,利息率通常在较长的一段时期内也是相对稳定的。凯恩斯认为:利息率虽然是一种具有高度心理作用的现象,但它同时也"是一种高度遵循成规的现象。因为今天的实际利息率大多是根据人们对未来利息率的预测而决定的。任何的利息率水平,只要人们充分相信它能继续下去就会继续维持下去。当然,在一个变化的社会中,利息率会因为各种理由围绕着预期的正常水平上下波动,……但是围绕其上下波动的利息率水平,却可以在数十年中长期高于充分就业所应有的利息率数值。"②如此导致的一个结果就是:虽然投资需求水平并不完全由资本边际效率所决定,但将主要由这一因素所决定。因此,当随着总收入(总供给)的增长,在总收入(总供给)与有效需求之间出现了一个缺口需要由投资需求的增长来加以填补时,资本边际效率能否维持在一个足以刺激投资者提供足够的投资需求来弥补这一缺口,就成为实现供求总量平衡的一个关

---

① 影响流动性偏好的因素有三:(1)交易动机,即为满足进行商品交易的需要而偏好持有现金;(2)谨慎动机,即为了防止以外支出或遇到偶然有利的购买机会而偏好持有现金;(3)投机动机,即为了满足投机的需要而偏好持有现金。详见凯恩斯《就业、利息和货币通论》第15章中的分析。

② 凯恩斯:《就业、利息和货币通论》,第157—158页。

键因素。凯恩斯指出,问题恰恰就在于,在自由放任的市场体制中,没有任何机制可以用来确保资本边际效率能够维持在一个足以刺激投资者提供足够的投资需求来弥补上述缺口的水平上,从而使得供求总量之间的失衡就成为一种经常出现的现象。

　　凯恩斯认为,问题主要在于,资本边际效率是一个变化不定、难以捉摸的因素。由于资本边际效率取决于对资本资产未来收益的预测,而在一个较长的时段里,这种对未来收益的预测又具有相当不确定的性质,其预测所依据的知识相当薄弱,因此,当有一种或几种可能影响资本资产未来收益的情况发生时,人们对资本资产未来收益的预期就可能发生难以预料的突然变化。凯恩斯写道:

> 了解一给定量的资本品的边际效率取决于预期的改变这一点是很重要的,因为,主要是这种依赖关系才使资本边际效率具有相当强烈的波动,即正是这种波动解释了商业周期。……经济繁荣之后之所以会出现萧条,萧条后之所以又会出现繁荣,可以用资本边际效率相对于利息率的波动来加以分析和解释。①

> 资本边际效率不仅取决于现有的资本品数量的多少和生产它现在所需要的成本,而且也取决于对资本品将来收益的预期。因此,对于耐用性的资本品而言,对将来的预期在决定新投资的规模上当然起着重要的作用。不过正如我们所看到的,这种对将来的预期是完全靠不住的,这是因为以变动的和不可靠的证据作为依据,容易发生急剧而猛烈的变化。②

　　在一场经济扩张的初期,人们对资本品的未来收益往往有着较好的预期,甚至将(在充分就业条件下)实际只能产生 2% 收益率的投

---

① 凯恩斯:《就业、利息和货币通论》,第 111—112 页。
② 凯恩斯:《就业、利息和货币通论》,第 242 页。

资预期为 6% 并根据这一预期进行投资和评价。因此,在这一时期,投资冲动往往非常强烈,投资迅速增加。凯恩斯说:

> 人们对资本品的未来收益常持乐观态度,以为其未来收益能够补偿产量增长带来的生产成本上升,也能够补偿利息率上升造成的影响,这种乐观的期望态度是经济繁荣后期的特征。①

然而,随着投资和产出的增加,资本的边际效益开始下降,投资者对未来收益的预期也开始大幅下降,"人们对未来的看法也变得十分暗淡,心有余悸,结果会导致流动性偏好急剧增大,利息率随之上升",导致投资数量严重下降,经济运行便进入了危机和萧条时期。

那么,怎样才能够解决危机、走出萧条呢?

有人曾经提出,经济危机可能是由经济繁荣时期市场交易和投机二者对货币需求增大引发利息率上升(进而导致资本边际效率下降、投资萎缩)造成的,因此解决危机的办法就应该是当经济进入到萧条期后尽快通过扩大货币供应等方法来降低利息率,以恢复和促进投资。凯恩斯对这种意见进行了驳斥。一方面,他根据上面的分析认为这是倒果为因,因为"危机的真正起因并不在于利息率的上升,而是在于资本边际效率的突然崩溃"。因此,要想使经济得到复苏就必须使资本边际效率(主要是投资者对投资之未来收益的预期及其信心)得到恢复。另一方面,他更进一步地指出,

> (虽然)在萧条状态持续的过程中,利息率的降低对经济复苏起着决定性的作用,很可能是必要的条件。但是,资本边际效率的崩溃可能会达到某种程度,以致在可实行范围内,无论利息率如何降低,都不可能使经济马上复苏。如果降低利息率本身表明是一种行之有效的补救办法,那么只要在金融当局直接控制之下,用不了多少时间就有可能

---

① 凯恩斯:《就业、利息和货币通论》,第 243 页。

使经济复苏。然而事实并非如此,要想恢复资本边际效率并不那么容易,因为这种恢复实际上是由不受控制的、无法管理的市场心理所决定的。①

在经济下降的阶段,由于固定资产和原料储备都处于过剩状态,经营资本减少,所以资本边际效率会降低到很低的水平,以致在实际可能的范围内,无论利息率如何下调,也无法达到保证令新投资者满意的程度。就当今这种处于购买者、投机者影响下的有组织的投资市场而论,资本边际效率的市场估计可能有非常大的波动,不会有相应的利息率的波动能够与之抵消。②

不仅如此,资本边际效率的急剧波动还会通过影响证券市场的波动而在市场最需要扩大消费倾向之际抑制后者的扩大。"因此",凯恩斯总结说,"在自由放任的经济体制下,若不彻底改变投资市场心理,便不能摆脱就业量(和总供给)的急剧的变动,但这种彻底的心理改变是不可能的。故我的结论是:决定短期投资的权利绝不能放在私人手里。"③凯恩斯指出,要想使经济运行接近充分就业的均衡状态,"惟一的办法是由社会从总体上控制投资。"④当然,这并不意味着一定要推翻资本主义制度,"实行国家社会主义,将社会大部分经济纳入其轨道",而只是说资本主义社会要放弃以往那种自由放任的经济社会政策,要在不改变资本主义根本制度的前提下,通过公共工程的实施、财政手段的运用以及福利国家的建设等途径,由国家来对社会经济生活进行干预,以扩大有效需求。"对于国家来说,重要的并不是生产工具的国有化,如果国家能确定用于生产工具的资源总额是多少,以及那些拥有此种资源的报酬应该是多少,那就算它已尽到职责。"⑤

---

① 凯恩斯:《就业、利息和货币通论》,第243-244页。
② 凯恩斯:《就业、利息和货币通论》,第245—246页。
③ 凯恩斯:《就业、利息和货币通论》,第246页。
④ 凯恩斯:《就业、利息和货币通论》,第290页。
⑤ 凯恩斯:《就业、利息和货币通论》,第290页。

正是基于上述这样一些分析,在《通论》一书中,凯恩斯明确地宣告了自己的干预主义立场:

> 为了调节消费倾向和投资诱导使之相适应,政府机能必须扩大。按照19世纪政治家或当代美国金融家的观点,这种扩大似乎是对个人主义的极大侵犯。与此相反,我却要为这种政府机能的扩大辩护,因为它不仅是避免现行经济形态全部毁灭惟一可行的办法,而且也是个人积极性能得以充分发挥的必要条件。①

除了以上论述外,凯恩斯还从另一个角度论证了政府对经济过程进行干预的必要性。

古典经济学家在论证市场经济体制具有自动调节就业和生产数量使之最终趋于均衡状态的功能时,曾经试图借助于一个基本理论预设是:市场经济体制下的货币工资具有伸缩性,可以随着市场需求的变化而任意改变。以这一预设为基础,古典经济学家解释说,"在其他条件不变的情况下,降低货币工资可以使产品成本相应降低,故可以刺激需求,进而增加产量和就业。倘若生产设备不变,产量增加会导致劳动力边际效率降低。当其影响刚好与劳动者同意接受的货币工资降低的影响互相抵消时,产量与就业的增长即告终止。"

凯恩斯认为,古典经济学家的这种看法是错误的。因为"这种解释说到底,等于承认货币工资降低时需求不受影响。"②假如货币工资的降低同时引发了消费需求的降低,那么产量和就业就将缺乏上升的空间,即使产量和就业量由于投资者的误判而增加了,由于新增加的产量不可能按照预期的价格卖出去,产量和就业最终还是会回落到本来的水平。

但很多主张自由放任的经济学家却坚持"货币工资降低时需求不受(消极)影响"的看法。他们的理由主要是:第一,"总需求的大小

---

① 凯恩斯:《就业、利息和货币通论》,第292页。
② 凯恩斯:《就业、利息和货币通论》,第198页。

取决于货币量与货币收入流通速度两者的乘积,但并无明显的原因可以表明,当货币工资降低时,货币量或货币收入流通速度会有所降低。"此外,"如果工资降低,利润必然会上升。"第二,虽然"一部分劳动者的购买力会因货币工资降低而下降,终将对总需求产生某种影响,但是其余那部分劳动者的货币收入并未减少,他们的实际需求将因物价下跌而得到刺激。"最后,第三,"除非由于货币工资变动而导致的对劳动的需求弹性小于1,否则,属于劳动者方面的总需求很可能会由于就业量的增加而上升。"①

凯恩斯认为,上述看法是按以下思路推导出来的:

> 就某一产业而言,存在着一条需求曲线,该曲线能够表示出销售量与销售价格之间的关系。也存在着一系列供给曲线,分别表示根据不同成本计算出的价格与相应产量之间的关系。如果其他成本不变(由于产量变动而引起的成本变动除外),则可以从这些曲线进一步推导出劳动力需求曲线的形状,劳动力需求曲线即可表示出就业数量与不同工资水平之间的关系。该曲线在任何一点的形状即表示对劳动力的需求弹性。然后他们对这一概念未做重大修正便转用于所有行业,并且认为,根据相同的理由,也存在着一条所有行业对劳动力的需求曲线,而该曲线即可表示出就业量和不同的工资水平之间的关系。②

凯恩斯认为,这一论证思路肯定是错误的,

> 因为任何一个具体的行业的需求曲线只能建立在一些其他条件不变的假设条件之上,即其他行业的需求和供给曲线不变,总的有效需求也不变。因此,把有关个别行业的论点转用到所有行业的做法是错误的,除非我们把总的有

---

① 凯恩斯:《就业、利息和货币通论》,第198页。
② 凯恩斯:《就业、利息和货币通论》,第198页。

效需求不变的假设条件也转用过去。①

但这一假设是很难成立的。凯恩斯指出，

> 就业量只与以工资单位衡量的有效需求有关，又由于有效需求是预期消费和预期投资的总和，所以，如果消费倾向、资本边际效率和利息率这三个因素保持不变，有效需求就不可能改变。在这三个因素不变的情况下，如果企业家还要增加就业量，那么全体企业家的收益必将小于他们的总供给价格。②

最终企业家还会使就业人数回到原先的数目。由此可见，

> 货币工资降低并不会使就业产生持久增长的趋势，除非它们对整个社会的消费倾向、资本边际效率或利息率产生（积极）影响。③

不仅如此，凯恩斯还指出，事实上，当货币工资降低时，有效需求（包括消费需求和投资需求两者）不但不一定会上升或保持不变，而且还有可能下降。因为：(1)货币工资降低会引起物价下降，因而会在一定限度内引起实际收入的再分配，使得实际收入 a，从货币工资劳动者那里转移到进入边际主要生产成本的其他生产要素，或者 b，从企业家阶层转移到靠领取租金和利息为主的食利者阶层。这两种转移都有可能会导致社会消费倾向的降低而非提高，从而减少消费需求。(2)虽然货币工资的降低有可能增加投资的边际效率而有利于投资，但它也可能导致认为将来工资还会进一步降低的预期，这种

---

① 凯恩斯：《就业、利息和货币通论》，第199页。
② 凯恩斯：《就业、利息和货币通论》，第199—200页。
③ 凯恩斯：《就业、利息和货币通论》，第200页。

情况将降低预期资本边际效率并导致投资和消费的延期。(3)虽然货币工资收入及物价的普遍降低会减少市场所需要的现金数量,引起利息率下降,有利于投资,但也可能出现相反的情况:公众预期今后工资和物价还会上涨,随之对社会前景失去信心,从而引起流行性偏好增强,导致利息率上升,阻碍投资需求增长。(4)工资和物价的大幅度降低,也会一方面使负债较多的企业濒临破产的境地,从而影响投资需求;另一方面使国债及赋税的实际负担加重,从而对工商界的信心产生不利的影响。

有人会反驳说,上述后两条只是一种可能性,但不是各自还有另一种可能性(增加边际效率而有利于投资,或引起利息率下降而有利于投资)吗?对此,凯恩斯的回答是:(1)如果货币工资能够迅速下降到最低点,确实可能提高投资者对资本边际效率的预期,但是如果货币工资正处在一种逐渐下降的过程之中的话,那么反而会阻挠预期利润率的上升,因为投资者会期待货币工资做进一步的下降。而货币工资迅速下降到最低点这种事情只有靠政府的法令才能做到。在自由放任的市场经济体制下,要使货币工资大幅度地迅速下降到最低点,则几乎是不可能实现的事情。"既然行不通,那么一个固定工资并让人们相信它不会发生较大的变动要比在萧条时期逐渐降低工资为好。"①(2)降低工资及物价确实有可能引起利息率下降,但如果货币工资下降的幅度不大,那么它所引起的利息率下降的幅度也不会太大,因而对于刺激投资没有多少意义。然而如果货币工资下降及其所引起的利息率下降幅度太大,则完全有可能动摇人心,对包括就业形势在内的整个经济运行状况造成更为不利的负面影响。

概而言之,凯恩斯认为,当存在着失业时,如果采用普遍降低货币工资的办法来调节就业量,那么:(1)社会的消费需求将会随之下降;(2)由于工资几乎不可能迅速下降到最低点,因此也会引起投资需求的下降;这两方面需求的下降将使产量和就业量得不到上升的空间,从而使自由市场经济的自发调节功能无法实现。而且(3)假如货币工资真的大幅下降,则可能导致更糟糕的经济形势。因此,凯恩

---

① 凯恩斯:《就业、利息和货币通论》,第203页。

斯总结说:"没有充分的理由可以令人相信,一个有伸缩性的工资政策能维持充分就业,正如没有充分的理由可令人相信,只靠公开市场金融政策而无其他辅助手段就能实现同一目标一样。这些途径均不能赋予经济体制以自行调节的能力。"①

那么,怎么样才能比较好地实现充分就业的目标呢?为了回答这个问题,凯恩斯提出了一种与自由放任派完全不同的政策主张。这一主张的核心内容就是刚性的工资政策加伸缩性的货币政策。具体而言即是:在使货币工资始终保持不变甚至随着劳动生产率的增长而逐渐增长的情况下,通过增加货币的数量来一方面维持消费需求不发生大幅度下跌,另一方面使利息率下降、预期投资效率上升而使投资需求得到增加②,从而使就业量逐步达到和维持在充分就业的水平上。凯恩斯认为,与自由放任派的政策主张相比,这种政策的好处是:(1)在劳动者那里引起的反抗程度较低,容易实行;(2)可以在劳动者和其他拥有货币收入的社会阶层之间维持一个相对而言最为公平的收入分配体制;(3)可以减轻债务人的债务负担,从而对整个社会有利;(4)有助于物价稳定,从而也有利于企业进行经济核算;(5)可以在心理上给人以鼓舞。鉴于此,凯恩斯认为:"对于一个封闭的经济体制来说,最好还是维持一个稳定的一般工资水平。"③

总而言之,凯恩斯认为,由于上面所述的那些理由,单纯自由放任的市场经济是不可取的,因为它无法保证经济运作过程在处于失衡状态时有效地恢复平衡。要想使市场经济体制下的经济运作过程能够在处于失衡状态时有效地恢复平衡,就必须借助于政府等外部力量,通过政府等外部力量的干预才有可能。凯恩斯主义由此成为干预主义战略的一个新的主要理论基础。

---

① 凯恩斯:《就业、利息和货币通论》,第204页。
② 不过,凯恩斯在另一个地方又进一步指出,从长期来看,单纯依靠货币量的增加是难以维持利息率持续处于低水平之上的。因为,由于技术进步、工资提升等种种原因,资本的边际效率会不断降低,为维持充分就业所必需的利息率就必须不断降低,这种低利息率"是否仅仅通过控制货币数量就能达到,是值得怀疑的。"见凯恩斯:《就业、利息和货币通论》,第237页。
③ 凯恩斯:《就业、利息和货币通论》,第206页。

综上所述,凯恩斯主义试图以"投资不足论"为核心论点来重新论证干预主义的合理性。

按照"消费不足论",贫富两极分化是导致购买力也即消费力不足、从而导致经济萧条的主要原因;而按照凯恩斯的"投资不足论",即使在财富平等分配的情况下,由于边际消费倾向递减规律的存在,购买力(消费力)最终也会萎缩。因此,经济增长只能靠投资维持;当投资需求不足时,经济就将陷入萧条之中。

在《财政政策与商业周期》等书中,美国经济学家汉森首次运用凯恩斯的经济理论对1929年发生的美国经济大萧条进行了解释。汉森以统计数字为依据,明确地指出在1929年经济萧条爆发之前若干年间美国居民消费支出占国民收入的比重并无重要变化,消费支出占国民收入的比重不存在"消费不足"论者所说的那种逐渐缩小的趋势。变化主要发生在投资支出方面。在大萧条爆发前夕,美国经济中投资支出占国民收入的比重曾经大幅度下降。正是投资支出的这种大幅度下降导致了经济的迅速萎缩,引发了大萧条。

第六章 对干预主义的反驳（Ⅰ）：奥地利学派

其实,西斯蒙第和凯恩斯等人的干预主义理论自诞生之日起就不乏反对之声。最强劲的反对之声首先来自于西斯蒙第主义和凯恩斯主义的夙敌——以米塞斯、哈耶克和罗斯巴德等人为主要代表人物的当代"奥地利学派"自由主义者。

作为坚定的自由主义者,这一派的学者明确地否定西斯蒙第和凯恩斯一类干预主义学者对于经济周期所做的解释,坚持认为在没有政府等外部力量干预的条件下,市场本身具有恢复均衡运作的能力和机制,认为政府等外部力量的干预不仅不能够有效地缓解或消除经济周期,反而延缓甚至加剧了经济衰退,阻碍了经济过程的均衡运行。

米塞斯认为,经济波动主要是由信用的扩张和收缩运动引发的生产结构和规模的变化所致。

米塞斯认为,企业家的投资行为很大程度上受到货币利率的影响。货币利率又可以区分为市场毛利率(Gross of market rate of interest)与初始利率(rate of originary interest)两种。周期性经济波动现象主要是由于这两种货币利率之间的差异所致。

按照米塞斯的定义,所谓初始利率,指的是"即期满足的价值与远期满足的价值之比"。"在市场经济中它即未来商品对现实商品的折算。它是商品的价格比,而不是价格。所有商品的这一比率将趋于均衡,而在平稳运行的经济构想中,所有的商品的初始利率都是相同的。"①所谓市场毛利率,则是在信贷市场上由贷款的需求和供给关系所决定的利率。与初始利率相一致的贷款利率,即是所谓的"中性利率"。

米塞斯指出,市场利率对企业家的投资行为有重要影响:"企业家们根据价格、工资水平、市场利率的变化来进行他们的投资安排。……在商人们的这些精明算计中,市场利率的角色是显而易见的。它会指引商人如何控制投资放弃近期利益,而将生产要素用于较长远的获利目标上去;它也会指引他们认识到哪一生产阶段与人们所普遍估计的商品的现值于将来价值的比率一致;它还提醒商人不要投资于那些会耗尽人们以储蓄形式提供的有限的资本货物的项目。"②

而在影响市场利率的因素中,货币供应是一个最重要的因素。"货币关系中现金所引发的变化,在某些情况下会对商品及劳动力价格产生影响之前先影响信贷市场。货币(广义的)供应的增加或减少,会使信贷市场上资金的供应增加或减少,从而引起贷款利率下降或上升,尽管初始利率可能没有变化。如果这样,市场利率就会偏离有生产需要的资本货物所要求的初始利率的水平。它也就失去了对企业家的投资决策所起的指引作用。这导致企业家的算计落空,使其行为偏离了本来可以最好地满足消费者的迫切需要的路线。"③

当信贷扩张之时,市场毛利率将会降低。"新增贷款的利率只能比市场毛利率低。市场毛利率的这一降低会不会以数字的形式表现在贷款合同中并不重要。有可能名义利率并不发生改变而信贷扩张却在事实上体现了出来,因为此前人们是不会以这样的利率贷到款项的。"而市场毛利率的降低对企业家收益比率的计算会有重要影响。"除了生产成本的价格之外,工资费用、产品的预期价格、利率水平都在商人们考虑的范围之内。经过考虑商人们会知道他们的运营项目能不能赚钱。在公众对期货和现货的比价进行评估的基础之上

---

① 米塞斯:《人类行为的经济学分析》,赵磊等译,广东经济出版社,2010年,第433页。
② 米塞斯:《人类行为的经济学分析》,第448—449页。
③ 米塞斯:《人类行为的经济学分析》,第449页。

商人们将明白应该进行什么样的投资。他们会按照这种评估进行投资活动,避免把资金投向那些收益期间过于漫长从而被公众否定掉的投资项目。商人们也不得不尽可能合理地使用已有的资本货物,以最大限度地满足消费者最急迫的消费愿望。""但是现在利率的降低却使商人们的计算出现了偏差。尽管现存的资本货物没有增加,商人们进行考虑和计算时所使用的数据却是资本货物增加时才能够使用的数据。错误的计算造成了错误的导向。他们使一些项目看起来有利可图,然而如果以不受信用扩张影响的利率来计算的话,这些项目本来是无利可图的。企业家们开始施行这些投资项目,商业活动受到了刺激,经济繁荣开始了。"①企业家们不断扩大的创业计划产生了新的需求,促使供应商的产品价格和工资费用也有所提高。工资费用的提高又使消费品的价格上升,从而刺激消费品生产的扩张。随着生产的不断扩张,社会对货币资金的需求也增加起来。"为了在由信用扩张所带来的生产规模扩大的基础之上继续进行生产,所有的企业家,那些确实扩大了生产规模的人,以及那些只是在原有规模之上进行生产的人,都需要更多的资金,因为生产成本增加了。"②而能不能够持续不断地得到所需要的这些资金,就成为了生产能否持续扩张的一个关键因素。在这个过程中,"如果信用扩张只是表现为一次性的使信贷市场上的信贷资金增加,而不是确定数额的重复增加,且一旦信贷资金增加之后,信用扩张就立刻停止的话,经济繁荣一定也会立刻停止。"因为"企业家们自己是不会创造出未来市场所需要的资金来的。"③这时,市场毛利率将会逐渐提高,"因为对贷款需求的增加没有被相应的可供贷出的款项的增加所抵消掉";产品价格将会下跌,"因为一些商人在出售存货而另一些商人则拒绝购入。"因此,"生产规模又开始萎缩。那些曾经带来经济繁荣的因素销声匿迹了,经济繁荣停止了。"④相反,如果信用扩张不是一次性的而是持续进行甚至愈演愈烈,那么经济繁荣也就将持续发展下去。而只要不

① 米塞斯:《人类行为的经济学分析》,第452—453页。
② 米塞斯:《人类行为的经济学分析》,第453页。
③ 米塞斯:《人类行为的经济学分析》,第453页。
④ 米塞斯:《人类行为的经济学分析》,第454页。

再向市场发放更多的信贷资金,繁荣就会立刻停止。"但是即便通货膨胀和信用膨胀无限期地持续下去,经济繁荣也总有停止的时候。[因为]经济的发展会遇到阻碍流通信用无限膨胀的力量。接着经济的繁荣势头日渐衰弱,最后导致整个货币体系的崩溃。"①

米塞斯指出,由信用扩张所引起的经济繁荣的最大问题是:由于信息误导,企业家们把资金投向了大量不该投向的领域,对生产资源进行了不合理的运用,从而导致了生产结构的扭曲以及虚假的经济繁荣。米塞斯指出,本来,只有在将现有生产规模加以扩大所需的额外资本货物真正得到增加的基础上,生产的扩张才真正成为可能。而"信用扩张的显著标志是额外的资本货物并没有被生产出来,能够满足商业扩张的资本货物必须被从其他生产阵线上抽调出来。"这样就可能导致生产结构的扭曲和虚假的经济繁荣。米塞斯具体解释道:"我们把 p 称为信用扩张前夕市场上已存的资本货物,把 g 称为消费资料总量。已存的资本货物 p 在特定的时间期限内可以将消费资料总量 g 生产出来而不会对生产产生不利影响。现在,在信用扩张的引诱之下,企业家们开始生产更多的产品,这类产品和他们已经生产出来的产品是同一种产品。我们把这类产品称作 g_3,同时企业家们还开始生产以前没有生产过的产品,我们将其称作 g_4。而要生产总量为 g_3 的产品就需要总量为 p_3 的资本货物,同样要生产总量为 g_4 的产品需要总量为 p_4 的资本货物。"②如果此时 g_3 和 g_4 的生产不是单纯由信用的扩张所引起,而是由新增储蓄或资本货物的增加所引起,那么生产 g_3 所需的资本货物 p_3 和生产 g_4 所需的资本货物 p_4 就都已经存在,生产的这种扩张就不会遇到什么问题。但是,按照假设,此时的生产扩张只是单纯由信用扩张所引起,市场上实际可以供应的资本货物量并没有真正增加,仍然等于 p。于是,生产的扩张就不能不遇到资本货物不足的问题。这就是由信用扩张引起的虚假经济繁荣与由 p_3 和 p_4 的量的扩大而引起的"正常"生产扩张之间的区别所在。更进一步,我们将会看到由这种区别所造成的不良后果:

---

① 米塞斯:《人类行为的经济学分析》,第 455 页。
② 米塞斯:《人类行为的经济学分析》,第 456 页。

"我们把 r 称为这样一种资本货物,即经过了整个生产过程中的某个特定时间段之后这些资本货物将被再次用来投资以替代之前的生产过程中消耗掉的资本货物 p。如果 r 被用来进行了这种替代,就可以在接下来的时间段之内再生产出 g。如果 r 没有被用来进行这种替代的话,p 的总量就会减少,减少额是 r,那么用 $p-r$ 的资本货物生产出来的产品总量就将为 $g-a$。我们可以进一步假设和受信用膨胀影响的经济体系是一个发展的体系。在信用扩展之前这一经济体系'正常'生产出的资本货物总量增加了 p_1+p_2。如果没有信用扩张干涉的话,p_1 将被用来继续生产和先前生产的产品为同一种类的产品,生产量为 g_1,而 p_2 将被用来生产不同于先前种类的产品,产量为 g_2。主要可由企业家自己支配并且可以自由计划的资本货物总量是 $r+p_1+p_2$。然而受低廉利率的蒙蔽,他们做决策的时候似乎觉得市场上供给的资本货物是 $r+p_1+p_2+p_3+p_4$,并且觉得他们不仅能够生产出 $g+g_1+g_2$,还能生产出 g_3+g_4。"①因此,他们将不仅投资于 g、g_1、g_2 的生产领域,还将投资于 g_3 和 g_4 领域的生产。但由于实际现存的资本货物不足,因此这些商人们将会为了争夺现存的资本货物而竞相出价,生产资料产品的价格将会蓬勃上涨。随着市场的扩张,就业人口数量以及工资也将增加,再加上利润增加导致的消费支出增加,消费产品的价格也会上涨。生产资料和消费产品价格的上涨,又将刺激这两个部门的生产进一步扩张②。而这种扩张终将因为现存资本货物的实际限制而终止。"企业家们使用着市场上供给的总量为 $r+p_1+p_2$ 的资本供给,他们却以为他们可以支配的资本供给是 $r+p_1+p_2+p_3+p_4$。他们开始进行一场投资扩张。事实上却并没有能够支持这种扩张的充足的资本货物。他们迟早要失败。"③"不论出现什么样的情形,有一点是可以肯定的,即银行的任何举动都不会为经济体系提供资本物品。健康的生产扩张需要的是更多的资本物品

---

① 米塞斯:《人类行为的经济学分析》,第 456—457 页。译文略有改动。
② 当然,吸引企业家进行某项投资的主要因素并不是高价格,而是包括所需资本的利率在内的生产成本和预期产品价格之间的差异。参见米塞斯:《人类行为的经济学分析》,第 459 页。
③ 米塞斯:《人类行为的经济学分析》,第 458 页。

而不是货币或者信贷资金。这种经济繁荣是建筑在纸钞和储蓄的基础之上的,所以它必将倒塌。"① 这种经济繁荣之所以必然被终结,并不仅仅是因为支撑它所需的资本货物在数量上有限,更主要的是因为这些有限的资本货物在繁荣中被不合理地加以了分配。本来,在没有信用扩张的情形下,市场毛利率将和初始利率一致,企业家们不会受到错误的刺激去盲目扩张生产,他们将利用 $r+p_1+p_2$ 这些资本货物去从事 g、g_1 和 g_2 的生产,整个生产过程将在稳定有序的展开。但信用扩张降低了市场毛利率,使企业家们发现原本无利可图的生产领域也变得有利可图了,因而纷纷向这些领域进行投资,结果使得原本有利可图的 g、g_1、g_2 的生产过程也受到了牵连:原本在"正常"情形下应该投向这些领域的资本货物现在可能被投到了 g_3 和 g_4 等其他领域,最终是整个生产过程陷入了比例失调而无以为继的境地。"投资和生产活动之间必然形成这样一种结构,这种结构和实际上资本货物的供给结构并不一致,并且必定要以倒塌而告终。"② "信用扩张的这一不可避免的结果使得经济繁荣过程中的种种弊病显露了出来。有些工厂无法开工,因为没有生产配套产品的工厂;有的工厂卖不出去产品,因为消费者更愿意去买别的供应量有限的产品;还有的工厂无法继续进行生产,因为很明显他们要亏本了。"③

因此,由信用扩张所引发的经济繁荣,其本质不是投资过度,而是不良投资或不合理投资。在这种繁荣过程中进行投资的企业家们好比是一位建筑大师,"他用有限的建筑材料建造出房屋高楼。如果这位大师多估了已有的建筑材料的话,他所作的建造计划中所需的材料就会不足。基础工程和基建设施的摊子铺得太大,只会让他在建筑过程中发现他缺少完成施工所必需的材料。显然这位建筑大师所犯的错误不是投资过度而是对可支配资源的不合理利用。"④

随着经济迅速过热,银行家们开始担忧起来。"银行开始震惊于以加速度前进的经济繁荣并且开始想从信用扩张抽身退步的时候,

---

① 米塞斯:《人类行为的经济学分析》,第 460 页。
② 米塞斯:《人类行为的经济学分析》,第 458 页。
③ 米塞斯:《人类行为的经济学分析》,第 458 页。
④ 米塞斯:《人类行为的经济学分析》,第 458 页。

也就是危机开始露出端倪的时候。"如果银行能够继续随意地向企业提供信贷,繁荣或许还能够继续维持一段时间,但即使银行坚持扩张主义政策,经济繁荣也不会无限期地持续下去。"任何想要用新增的信贷资金来替代不存在的资本货物(即总量为 p_3 和 p_4 的资本货物)的企图都是注定要失败的。如果信用扩张不被及时停止,经济繁荣就[也]会开始走向萧条;货币向真实价值的回归就要开始了,于是整个货币体系就要崩溃了。然而以往的情形表明,银行是不会走向极端的,这是一般的规律。在最终灾难还远未到来之时他们就已经警觉了。"① "新增信贷资金一旦停止注入市场,经济繁荣这座空中城堡就要倒塌了。企业家们必须限制他们的商业行为,因为他们缺少维持过大生产规模的资金。由于这些遭受挫败的企业试图通过以超低价甩卖存货的手段来获取现金,市场上的商品价格开始突降。工厂倒闭,生产项目限于停顿,工人被遣散。一方面许多企业急需用钱来避免破产,另一方面所有的企业都对经济失去了信心。"②

米塞斯认为,和人们通常想象的不一样,危机或萧条并不是一件坏事。从上面的分析我们应该意识到,"萧条实际上是重新调整的过程,即把生产活动重新与给定的市场资料相协调的过程。""在经济进入调整阶段之后,当人们用清醒的眼光来评估在经济繁荣时期所做的一些投资的时候,人们不会再被经济上涨的幻觉所欺骗。他们将明白这些投资是绝对失败的投资。靠着销售这些投资已经生产出来的产品,是不会获得维持他们所必需的生产资料的。因此这些投资计划应当被撤销掉。对这些'流动'资本的需求在其他生产领域更为急切。因为在其他领域这些资本可以生产出更多的利润。"③ 随着调整过程的进行,不当的投资将被逐渐终止,其产品将被逐渐出清,可"流动"的资本货物将被转向更合理的领域,生产结构及其比例将逐渐回归"正常"。

然而,这只是一种理想的情形。在现实生活中,情况往往并非如

---

① 米塞斯:《人类行为的经济学分析》,第 460 页。
② 米塞斯:《人类行为的经济学分析》,第 460 页。
③ 米塞斯:《人类行为的经济学分析》,第 461 页。

此顺利。在现实生活中,"一旦萧条出现,生产紧缩的状况就让人们痛心不已。"工人失去了工作和收入,企业家失去了投资和利润,政府失去了税收和民心。几乎所有的人都期待经济尽快复苏并重新走向繁荣。而在资本货物不可能迅速增加的情况下,使经济尽快复苏和繁荣的唯一办法就是再次实行信用扩张或通货膨胀。因此,人们总是特别青睐通货或信贷扩张政策,"纷纷要求继续进行扩张主义政策"①。"人们对它们的青睐可以从对它们的日常称谓中体现出来。经济的迅速增长被称为繁荣、景气、上扬;而这不可避免的后果即对经济进行调整重新回到市场的真实状态却被称为危机、下跌、不景气、萧条。人们拒绝承认这一事实,即在繁荣期的不良投资和过度消费中人们就应当看出这些都是干扰经济的因素,并且这种人造的经济繁荣迟早是要终结的。相反人们只是忙于在哲学领域内寻找能够证明这种繁荣会继续下去的理论依据。"②"依公众的眼光来看,要医治通货膨胀和信贷扩张带来的灾害,就应该引入更多的通货膨胀和更多的信贷扩张。"③结果是开启新一轮的从繁荣到萧条的经济循环。米塞斯认为,这就是为什么经济繁荣和萧条周期性发生的根本原因。"通货膨胀和信贷扩张受到大众的青睐,这正是政府不断通过信贷扩张来维持表明繁荣的最终原因,从而也导致商业呈周期性波动。"④米塞斯认为,如果真的想使经济得到相对更为合理的发展,就不应该采用任何市场外部的力量来阻止或干扰生产过程的自发调整过程。"繁荣的大厦一旦崩溃,就只有一条道路可以返回到之前的状态,即不断地积累资本以确保物质方面的平稳提高:新的储蓄必须要积累起能够保证所有的生产部门进行协调生产的必要的资本货物;必须向那些缺乏资本货物的部门提供相应的资本货物,虽然在经济繁荣时期这种需求曾经被忽视了。工资要降低;人们必须暂时限制自己的消费,直到被不良投资浪费掉的资本货物又被重新生产出来。""在经济进入重新调整的时候,再使用信贷扩张的手段来干预经济是徒

---

① 米塞斯:《人类行为的经济学分析》,第466页。
② 米塞斯:《人类行为的经济学分析》,第471页。
③ 米塞斯:《人类行为的经济学分析》,第472页。
④ 米塞斯:《人类行为的经济学分析》,第471页。

劳的。这样做不会导致新一轮的繁荣,最多只能暂时中断、打扰并延长萧条期治疗经济的过程。"①试图通过政府或工会的干预来阻止工资和价格下降以维持生产过程的做法也是不适当的,"政府或是工会所做的任何阻止或是延缓这种调整的努力都纯粹是在延长经济的停滞。"②因为"经济复苏并回归正常状态的进程只有在价格和工资水平低到这种程度即足够多的人认为不会再继续下跌了的情况下才会开始。因此缩短经济不景气时期的唯一办法就是不要采取任何措施延迟或阻止价格或工资水平的下降。"③自由放任,让市场自行去完成生产结构调整的任务,是使经济尽快恢复均衡增长的唯一途径。

哈耶克以一种大体相同的方式阐述了奥地利学派的商业周期理论④。与米塞斯类似,哈耶克也以货币数量相对于生产结构的不合理变化来解释经济波动的发生。哈耶克认为,在一切可用的资源都被使用,货币数量一定,整个社会的消费—储蓄比例一定,从而生产的纵向结构也一定时,用于购买消费品的货币和用于购买资本品的货币之间的比例(它反映了社会对这两类产品需求之间的比例),将等于消费品产量与资本品产量之间的比例,即两类产品的需求之比等于供给之比。⑤哈耶克将这种比例称之为均衡比例,并将这种比例保持存在时的经济运行状况称之为均衡。而这种比例一旦遭到破坏,经济运行就将陷入失衡状态。

所谓生产结构,与生产的迂回程度或资本化程度密切相关。而所谓生产的迂回程度,又指的是经济体为进行消费品生产所需包含的中间性生产环节的数量:包含的中间性生产环节越多,生产的迂回程度就越高;反之则越低。迂回的生产包括若干顺次相继的生产阶段,其中每一阶段都以上一阶段的产出为投入,又以自己的产出为下

---

① 米塞斯:《人类行为的经济学分析》,第473—474页。
② 米塞斯:《人类行为的经济学分析》,第466页。
③ 米塞斯:《人类行为的经济学分析》,第467页。
④ 以下关于哈耶克经济周期理论的说明,除了主要以哈耶克本人的著作《物价与生产》一书中的论述为依据之外,同时部分参考了张旭昆在其所编《西方经济思想史18讲》第16讲第二节中对哈氏经济周期理论所做的概括。
⑤ 海约克(哈耶克):《物价与生产》,滕维藻、朱宗风译,上海人民出版社,1958年,第42—43页。

一阶段的投入。除了最后一个阶段以外,其他阶段生产的都是中间产品,这种具有纵向顺序的诸生产阶段全体,就是生产结构。当生产的迂回程度不变时,生产结构一定;当生产的迂回程度增加时,生产结构就发生了扩张,包含了更多的生产阶段;反之,当生产的迂回程度降低了时,生产结构就将发生收缩。一般来讲,迂回程度较高的生产结构具有相对更高的生产率。这也正是为什么和前资本主义时代的生产过程相比,资本主义生产过程总是具有较高迂回程度的原因。① 但即使在现代资本主义社会,生产结构也还是会发生变化。而生产结构的稳定或变化,取决于各生产阶段上的企业家的赢利状况,企业家的赢利状况则又取决于生产过程中各阶段产品的成本及相对价格。②

哈耶克指出,实际上,生产结构的变化(从迂回程度较低的生产结构转变到迂回程度较高的生产结构,或者相反)主要是由于以货币来表示的资本品的需求总量相对于消费品的需求总量发生了变化。如果以货币来表示的资本品的需求总量相对于消费品的需求总量出现了增加,生产结构就会朝迂回程度较高的方向变化;反之就将朝迂回程度较低的方向变化。而导致以货币来表示的资本品需求总量与消费品需求总量之间比例发生变化的主要原因,则或者是(货币数量不变时)社会的消费与储蓄之间的比例发生自愿的变化,或者是(消费与储蓄之间意愿的比例不变时)货币的数量有了变化。

哈耶克认为,当生产结构由于前一种原因而发生变化(例如自愿储蓄增加)时,只要货币数量一定,那么经济体就会通过一个平稳的自发过程而建立起新的均衡。假定消费者决定把他们收入中的较大份额用来储蓄并投资③,结果将是资本品需求的增加和消费品需求的

---

① 海约克(哈耶克):《物价与生产》,第37页。
② "生产结构是否一成不变,完全要看企业家从出售各自生产阶段的产品所得的报酬中,继续按照通常比例进行再投资,以生产同种的中间货物,是否认为有利可图;而是否有利可图这一点,一方面取决于出卖该生产阶段的产品所得的售价,另一方面又取决于对原始生产资料以及从上一阶段取得的中间产品所付的代价。因此,生产组织现有资本化程度是否继续维持,是以对于每一生产阶段产品所付出的代价和取得的售价为转移的,所以,这些价格乃是决定生产方向的最现实和最重要的因素。"海约克(哈耶克):《物价与生产》,第44—45页。
③ 全部储蓄都将被用于投资的假定在凯恩斯那里可能是不成立的。

减少,其直接的影响是资本品相对价格上升和消费品相对价格下降。但各种资本品的价格不会等量地上涨,也不会毫无例外地一概上涨。在紧接着消费品生产阶段的那些较晚的阶段中,其生产的资本品的价格,由于受消费品价格下降的影响,可能会下降,但下降幅度必然小于消费品价格的下降幅度。而在较早阶段上生产出来的资本品的相对价格则会上升。相对价格的这种变化,导致较晚阶段所用资金的利润相对下降,而较早阶段所用资金的利润则相对上升,进而影响到这些不同阶段的企业家的利润预期,促使资金及一些可以用于不同生产阶段的非专门性货物(及劳务)由较晚阶段向较早阶段转移,甚至可能开创新的有利可图的生产阶段,从而使生产方法更加资本化或更加迂回。生产的迂回程度加深的结果,是消费品产量相对减少,而资本品产量相对增加。与此同时,在货币流通量和流通速度保持不变的情况下,用于消费品生产阶段和紧接消费品生产的其他较晚近阶段上的货币量将会减少,用于较早生产阶段上的货币量将会增加。结果,随着自愿储蓄的增加,消费品的需求和供给都趋于相对减少,用于购买消费品的货币也趋于相对减少。因此,只要自愿储蓄的增加是稳定的,那么最终将建立新的均衡,消费品需求和资本品需求之间的比例将再次等于它们之间在供给方面的比例。①

如果消费者们自愿决定减少储蓄增加消费,导致社会对消费品的需求相较于资本品的需求相对增加时,那么就将引发与上述过程及结果相反的情形。消费品的相对价格会上升,资本品的相对价格则会下降;紧接着消费品生产阶段的那些阶段生产的资本品价格较之较早阶段上生产的资本品价格也会相对上升。结果消费品产量相对增加,而资本品产量相对减少。与此相应,生产的迂回程度可能会下降,生产结构可能相对缩短。而与此同时,在货币流通量和流通速度保持不变的情况下,用于消费品生产阶段和紧接消费品生产的其他较晚近阶段上的货币量将会增加,用于较早生产阶段上的货币量将会减少;随着消费的增加,消费品的需求和供给也都趋于相对增加,用于购买消费品的货币也趋于相对增加。因此,只要消费的增加

---

① 参见海约克(哈耶克):《物价与生产》,第45—48页,以及第63—65页。

是稳定的,那么最终也将建立新的均衡,消费品需求和资本品需求之间的比例将再次等于它们之间在供给方面的比例。①

换言之,只要生产结构的变化(延长或缩短)是由于社会的消费与储蓄之间的比例发生自愿变化所致,那么这种变化最终就并不会破坏消费品、资本品这两类产品的需求之比与供给之比之间的均衡,不会引起比较严重的经济波动。

然而,当生产结构由于第二种原因而发生变化时,情况就将有所不同。在消费与储蓄之间自愿的比例不变,且货币交易系数和货币流通速度也不变时②,如果货币的数量有了变化,那么,消费品、资本品这两类产品的需求之比与供给之比之间旧的均衡就将被打破,而新的均衡则只有在经历了或长或短的波动过程之后才能出现。这里又有两种不同的情况。

假定货币数量的增加是由银行向生产商提供贷款的形式而出现的,那么消费品的产量即供给与资本品的产量即供给之间的比例将发生上述由于消费者自愿增加储蓄时曾经引发过的同样的变化,即资本品的产量或供给比例将会增加,消费品的产量或供给比例将会减少。具体机制可以简述如下:为了能有人来借贷新增加的货币资金,银行必须把新增贷款的利息率降低到均衡利息率以下,"使人有力地使用恰好这么多的——而不是更多的——资金"。贷款利率的下降使得采用更多的资本品来进行生产变得更有利可图,这将会刺激企业家们去扩大投资,增加对资本品的购买量,提升资本品的相对价格,促使非专门性货物向较早的生产阶段转移,甚至开创一些新的生产阶段,从而一方面使生产结构延长,另一方面使消费品的产量即供给渐趋减少。

然而,与消费者自愿增加储蓄时引发过的情况不同的一点是:在消费者自愿增加储蓄的情况下,消费品产量的减少和资本品产量的增加这一过程,是作为消费品需求的减少和资本品需求的增加这一过程的结果而出现的。由于消费品的需求和供给是同时趋于相对减少,资本品的需求和供给则同时趋于增加,因此,消费品需求和资本品需求之间的比例与它们之间在供给方面的比例最终将会趋于新的

---

① 海约克(哈耶克):《物价与生产》,第66页。

② 不过,弗里德曼的研究表明,货币流通速度从长期来看有下降趋势。

均衡。但在消费品产量的减少和资本品产量的增加是作为企业家所获贷款货币数量增加这一原因的结果出现之时，情况则完全相反：消费者的消费—储蓄比例并没有发生变化，因而对消费品的需求没有发生变化。结果，消费品的供求之间发生了失衡（同时也意味着消费品需求和资本品需求之间的比例与它们之间在供给方面的比例发生了失衡），消费品将会发生短缺，消费品的价格将会随之上升。

不仅如此，由于企业家新增的投资中也包括了支付给劳动者的工资，因此工资劳动者的收入也会增加。面对消费品价格的上涨，这些新增加的工资收入无疑会被用于消费品的购买上去，从而推动消费品价格更快地上升。这意味着对消费品的需求与对资本品的需求之间的比例发生了新的、相反的并且对于前者有利的一种变化，这种变化将会诱使企业家开始将原来投入到较早生产阶段的非专门性资源转移到对消费品生产以及紧接消费品生产的阶段上来。

假如此时银行能够继续坚持对企业家发放贷款，那么消费品需求的上升势头或许会被企业家对资本品的进一步需求所抵消，已经拉长的生产过程可能能够继续得以维续。但是，由于各种显而易见的缘故，银行绝不可能无限制地持续扩张信用。而一旦银行决定停止增加发放新的贷款，那么，用于购买消费品的货币数量的增加就不再会被对资本品需求的相应增加所抵消。消费品价格的相对上涨和货币资本的短缺，就将促使企业家开始将各种非专门性资源转移到对消费品生产以及紧接消费品生产的阶段上来，生产结构则将因此而发生收缩。由于这种收缩，已经投入到较早生产阶段上去的那部分专门性货物及设备，就将被闲置起来，无法得到使用。这就引致了所谓的经济萧条或经济危机现象的出现。

当然，哈耶克补充说，对企业家的新贷款一旦停止，消费品需求和资本品需求之间的比例并不一定会回复到恰好与从前一样的大小。因此，如果企业家们借助新增加的货币投入，已经胜利地完成了为时较长的生产过程，他们或许就能够从他们的生产里获得较多的货币报酬，从而使他们能够继续新的生产过程。但如果他们向较长的迂回过程这一过渡还没有完成，那么情况就不一样了。"他们支出了新增加的货币，这些货币使其得以增加他们对资本品的需求，而支出的结果，变成了消费者的收入；因此，他们就不复能取得更多部分的现存资本品,并因而不得不放弃转变到资本化程度较高的生产方法的企图",①最终导致较早阶段的生产部门陷入萧条局面。

假定新增加的货币是被首先用于购买消费品的,那么,将会发生与上述过程方向大致相反的过程,但其最终结果(导致较早阶段的生产部门陷入萧条)却是一样的:

由于新增货币被用于购买消费品,因此消费品价格将会上涨,结果使得消费品的市场以及紧接消费品生产的较晚生产阶段能够获得相对较高的利润,那些普遍适用于不同生产阶段的非专门性货物将会被吸引到这些阶段上来,从而促使生产结构趋于缩短,甚至出现过分缩短的情况(即缩短到比消费品均衡价格达成之后所必需的生产阶段更少)。在这一变化过程中,由于一些具有辅助作用的非专门性货物的撤离,那些具有更高专门性质的资本品也就相对显得多余并因此而价格下跌,使得这些资本品的生产变的无利可图从而无人愿意继续生产。而从较早阶段上撤离出来的那些非专门性货物,尤其是工人的劳务,也并不一定能够马上被运用到较晚的生产阶段上去,因为,"较短的生产过程必得从头开始,只有在它的产品趋向消费的过程中和它必需的中间产品来到的时候,才会逐步地吸收一切待用的资本品。"②而且,对于生产阶段缩短之后,究竟如何来使用这一变化才算有利这个问题,企业家最初也会有一个迟疑不决的过程,这也会影响到这些非专门性资源被采用的状况。结果,不仅那些较早阶段上的专门性资源会被闲置,许多非专门性的资源也可能被闲置起来,从而引致经济萧条现象的出现。③ 据此,哈耶克认为,我们不能不承认往往被人忽视的那个基本真理:只有当我们满足于仅仅消费掉我们全部财富中的那一部分——即在现存的生产组织下,预定作为当前消费的那一部分——的时候,资本化的生产机构才能够顺利的

---

① 海约克(哈耶克):《物价与生产》,第52页。为与本文用语一致,引文略有改动。
② 海约克(哈耶克):《物价与生产》,第75—76页。引文略有改动。
③ 哈耶克此处的分析和前面的分析有一些不同。他似乎放弃了消费—储蓄比例不变这一假定。而如果按前面的假定,消费者的消费—储蓄比例不变,那么,当新增货币到达消费者手中时,消费者也会按之前的比例将这些货币用于消费和储蓄。因此,虽然由于增加了用于消费的新货币量,消费品价格会上涨,但资本品的价格当也会由于有新增加的储蓄即货币投资而上涨。这样,消费品生产部门和资本品生产部门或许都能够维持之前的利润水平,从而继续按之前的比例维持生产,这一段所说的这种萧条情况将不会出现。

起作用。每一次增加消费,纵使拥有耐用的生产工具的现有装备足敷增加这种产量之用,也都需要有事前的新的储蓄,才不致扰乱生产。因为如果要继续保持生产的增加,各阶段上的中间产品的数量也必须相应地增加。那种以为现有的生产结构已足以无限制地增加生产、之所以未能如此是由于当前的经济机制妨碍了现有生产潜力的发挥这种想法其是一种误解。有这种想法的人忽略了,

> 耐用的生产资料并不代表那些增加产量所需要的一切资本,为了把现有耐用设备使用到它们的全部能量,必须把大量的其他生产资料投入到只能在较长远的将来才能产生效果的较长的生产过程。因此,未经使用的潜力的存在,绝不是证明资本过剩的存在和消费的不足;与此相反,它乃是我们不能充分使用这些固定设备的一个象征,因当前对消费品的需求太急,使我们不能投放当前的生产性劳务于较长的生产过程,而正是这些较长度生产过程才可以利用这些必要的耐用设备。①

哈耶克认为,这样,我们就终于可以解释工业波动理论的一个核心问题,即:"有些现存资源何以有时会发生不能使用的情况,以及在这种情况下,何以完全不可能把它们卖出——或者,拿耐用品的情形来说,只有负很大的损失才能将它们卖出。"②不仅如此,我们还可以理解这样一个道理,即:"除了在经济勃兴时期以外,或多或少的闲置资源的存在乃是一种经常的现象。"③因此,看到一定量闲置资源的存在就忧心忡忡,是一种不适当的反应。

如果上述分析是正确的,那么,首先,人们——尤其是各种各样的干预主义者们——常常提出用来试图消除经济萧条的一种办法就是不可接受的。这种办法就是通过扩大对消费者的贷款来增加对消

---

① 海约克(哈耶克):《物价与生产》,第 78 页。引文略有改动。
② 海约克(哈耶克):《物价与生产》,第 78 页。
③ 海约克(哈耶克):《物价与生产》,第 78 页。

费品的需求或购买力。哈耶克认为,这种方法事实上会导致完全相反的结果。因为,如上所述,无论萧条是由于企业家最初获得了大量新增贷款而引发的系列过程所致,还是由于消费者最初获得新增货币引发的系列过程所致,人们最终面对的都是消费品相对不足、相对价格上升、各种非专门性资源纷纷从较早的生产阶段向消费品生产和紧接消费品生产的阶段转移、生产结构缩短、较早阶段上的专门性资源及部分被撤出的非专门性资源(包括劳动力)遭闲置这样一种形势。无疑,扩大消费者贷款只会进一步加剧而不会缓解上述形势。

那么,用持续增加对生产用途的贷款这种办法是否就能够将经济从萧条状态中解救出来呢?哈耶克认为,这种办法同样也是难以奏效的。在萧条是由企业家最初获得大量新增贷款引发的系列过程所致的情况下,虽然继续向企业家发放贷款可以抵消消费品需求增加所引发的非专门性资源从资本品生产阶段撤出的后果,但正如前面已经指出过的那样,这样一种不断增加贷款的行为不可能持续地进行下去,它终有要结束的时候。而在消费品需求对资本品需求之间的比例未发生变化的前提下,对资本品生产的贷款一旦终止,危机和萧条就又将接踵而来。在萧条是由消费者最初获得新增货币引发的系列过程所致的情况下,情形也有点类似。"在危机的尖锐阶段,当资本化的生产结构趋于减缩得比最后证明系必要的程度更甚的时候,扩张生产者信用或许会有良好的结果","但增加生产贷款只有这样做才行,即把贷出款项的数量加以调节,使其恰能够抵消消费品相对价格的最初的过分上涨,并且,能够采取措施,在其价格下跌以及在消费品的供给和中间产品的供给之间的比例适应于两者需求之间的比例时,把增发的贷款收回。"哈耶克说,他"看不出银行如何能够把贷款始终掌握在这些范围以内"。而且,与上面那种情况一样,这种靠持续增加贷款来维持的迂回生产结构,纵使在严重的危机减退之后,若不借助增发贷款,也是不能继续维持下去的。①

因此,可以说,像许多人所主张的那样,通过持续信用扩张或增加公共开支的方法来解救萧条终究是一条走不通的道路。为了使经

---

① 海约克(哈耶克):《物价与生产》,第79页。

济能够健康运行所需要的基本条件,就是使生产结构尽快和完全地与由自愿储蓄与自愿消费所确定的消费品需求与资本品需求之间的比例相适应。而这一点,哈耶克明确地认为,只有尽量让经济运行过程放任自流才有可能做到。因为

> 这种由个人自愿的决定所形成的比例,如果被人为创造的需求所歪曲,那就一定意味着,一部分可用资源再一次被导至错误的方向,并使一种决定性的和持久性的调整再一次受到阻碍。即使闲置资源的吸收因此而加速,也只等于撒下了新的纷扰和新的危机的种子。所以,如果要长期地"动员"一切可用的资源,唯一的办法并不是采用人为的刺激——无论在危机时期还是在危机以后——而是听任时间去完成一个持久性的治疗,即使生产结构缓慢地适应于可以用作资本用途的资金这一过程。①

因此,哈耶克进一步说,

> 我们或许可以用阻止扩张的办法来避免一次经济危机,不过危机一旦发生,在它未自行消逝之前,我们是无法摆脱它的。②

同样,弗里德曼等货币主义者所持的那种认为货币的数量应该随着生产和贸易数量的增加而增加的看法也是完全不可接受的。从上面的分析中可以得出的有关货币政策的唯一实际准则就是:生产和贸易的增加这个简单的事实并不能成为扩张信贷的理由。因为在社会自愿的消费—储蓄比例不变的情况下,无论是从增加对生产者的贷款入手还是从增加对消费者的贷款入手,所引起的货币数量的增加都会对生产过程形成严重的误导和干扰,最终引发经济危机和

---

① 海约克(哈耶克):《物价与生产》,第79—80页。
② 海约克(哈耶克):《物价与生产》,第80页。

萧条。据此,哈耶克坚决反对当时许多人提出的弹性货币主张,坚持维护一种半自动化的金本位制度。认为只有在这样一种货币制度之下,经济波动才有可能得到自发的调整。而弹性的货币制度,正如前面所分析的那样,只会引发更多的危机与萧条,或者使已经发生的萧条拖得更长。①

哈耶克的学生、著名的美国自由主义派经济学家罗斯巴德也曾经将"奥地利学派"有关经济周期的理论解释概括性的说明如下:

> 这种思想认为,货币性干预导致市场出现混乱,这才是商业周期和经济萧条的原因所在。这一传统的货币理论认为,银行业系统使货币和信贷扩张,这才出现了繁荣和衰退相交替的现象。②

对市场进行货币干预造成了"繁荣—衰退"的周期模式,特别是银行对商业信贷的扩张。一些货币被花费在消费领域,剩下的被储蓄起来,也可以被用来投资到高级的资本生产和其他不同级别的生产中。消费与储蓄或者投资的比例是由人们的时间偏好决定的,时间偏好也就是人们对现在的满意程度与对将来的满意程度的比值。人们越是不喜欢现在,那么他们的时间偏好值就越低,这样纯利率也就越低③,纯利率是由社会中的所有个人的时间偏好决定的。投资和消费的比值较高可以反映出时间偏好较低,这时,生产结构以及资本结构被放大了。另一方面,时间偏好较高,纯利率就较高,而投资与消费的比值也就降低了。市场中最后的利率是由纯利率加上或者减去企业风险和购买力成

---

① 海约克(哈耶克):《物价与生产》,第101—102页。
② 罗斯巴德:《美国大萧条》,第30—32页。
③ 在凯恩斯那里,在货币数量一定情况下,利率主要是由流动性偏好决定的,而非由时间偏好决定的。流动性偏好又由交易动机、谨慎动机和投机动机三种心理动机所决定。只有当由投机动机引致的流动性偏好不足时,货币数量的增加才会使利率降低到必要的程度,以致能将就业量或工资单位的数量提高到足够的水平来把增加的货币数量吸收干净。单是时间偏好或消费倾向的降低并不一定会使利率降低。

分而得出的。企业风险的变动程度引出了一系列利率,而不是一个单一的利率,而购买力成分则是每一美元所体现的购买力的变动,同时它也体现了企业家在价格变动中所处的特殊位置。而最关键的问题就是纯利率。这一利率首先体现在"自然利率"上或者就是我们一般所说的变动的"利润率",这个变动的利率通过信贷市场的利率得以体现,信贷市场的利率就是由变动的利润率决定的。

当银行印制新的货币(无论是印制纸币还是增加银行存款),并把它投向商业领域,这会发生什么情况呢?新的货币流入信贷市场并降低了信贷利率。这就好像为投资而储蓄的资金增加了,它们的效果是一样的:用于投资的资金供给明显增加,而利率降低。总而言之,商人被银行的通货膨胀所误导,他们以为储蓄资金的供给要高于它实际的数量。现在,当储蓄资金增加,商人就会对"更为长期的生产过程"进行投资,特征是对于那些"高级生产领域"。那些远离消费者的生产领域,也就是说资本结构变长了。商人拿着他们新得来的资金,抬高了资本价格和其他生产资料价格,这就促使投资由"低级"(接近消费者)的生产领域向"高级"(离消费者最远)的生产领域转移——从消费品行业向资本商品行业转移。①

如果这是时间偏好的真实下降和储蓄的上升造成的,那么一切都没有问题,被重新延长的生产过程大致可以得到维持。但是这种转移是由银行信贷扩张造成的。不久,新的货币从商业贷款人手中渗透到生产的各环节中:工资、房租和利息。现在,除非时间偏好发生变化,否则人们将仍会以原有的投资—消费比例来花费自己增加的收入。总而言之,人们会重新确立原有的均衡状态,需求会从高级生产

---

① 凯恩斯可能会做出的驳斥:货币数量增加,利率下降,并不一定会导致投资增加。因为投资是否会增加还要取决于投资者此时对资本边际效率的预期。如果投资者预期的资本边际效率低于虽然已经很低的货币利率,投资需求就依然不会增加。

领域重新转移到低级生产领域上。资本商品行业的商人将会发现他们的投资发生了失误,他们以前认为可以牟利的产品不能带来收益,因为他们企业的消费者缺乏消费需求。生产高级生产领域的商品被证明是一种浪费,同时不当投资必须得到清偿。

所以,"繁荣"中充斥了浪费而错误的投资。正是在这个时期里,人们犯下了许多错误,而这应归咎于银行信贷扩张扰乱了自由市场。当消费者重新确立了符合他们要求的消费—投资比例时,"危机"到来了。事实上,在"萧条"时期,经济对在繁荣时期的浪费和失误作出调整,并重新确立起能满足消费者要求的有效服务体系。这种调整包括清算导致浪费的投资。有些浪费性的投资被全部弃置,有些被移为它用。经济学规律不会顾惜过去犯下的错误,但是现存的资本可以在它的运作下发挥最有效的作用。

萧条是一个"恢复"的过程,萧条的结束宣告一切重归正常,经济恢复了最好的功效。因之,萧条远不是充满邪恶的灾难,在繁荣带来了扭曲之后,萧条使经济恢复正常,这是必要而有益的。所以,繁荣需要"衰退"。这里,我们已经看到危机和萧条究竟是什么了,它们是由高效率的经济体中的消费者发动的一场恢复性的运动,它们终结了繁荣带来的扭曲。显然,信贷扩张的程度越大,持续时间越长,那么繁荣持续的时间也越长。……错误投资带来的浪费也就越多,那么必要的萧条调整过程也会越长,而萧条的程度也会越剧烈。由于生产要素会从高级的生产领域向低级的生产领域转移,萧条中"令人不快"的失业也不可避免,……由于大量的破产,重大失误被揭露出来,失业问题会加剧,但是它只是暂时的。调整的速度越快,解决失业问题的速度也就越快。如果人们将工资率保持在一个较高的水平,并阻止其下跌,那么失业将超越"令人不快"的程度而更加严重地一直持续下去。自由市场中的工资率可以满足对劳动的需求,也能将劳动全部售出,如果工资率超过自由市场的水平,劳动者将长时期地失业。实际工资率和自由市场工资率的差异程度越大,那么失业问题也越严重。①

按照上述分析,政府用来应对协调的最好的对策应该就是"自由放任主义"。

如果政府希望萧条尽快结束,经济重新走上正常的繁荣之路,它应该采取什么措施呢?首要的也是最彻底的措施是不要干预市场调整的过程。政府对市场的干预会耽搁调整的过程,干预的程度越大,那萧条持续的时间也越长,其程度也越可怕,同时想重新走上完全恢复之路也就越难。政府干预会加剧萧条,并使之无限期地继续下去。这时,政府的萧条政策起到了适得其反的作用。②

罗斯巴德列举了政府可能采取的阻碍市场调整的方法:

(1)阻止和拖延清偿行为。向濒临破产的商业结构提供信贷,并要求银行进一步向这些结构提供贷款等。(2)进一步通货膨胀。进一步的通货膨胀阻止了必要的价格下跌,这样耽搁了调整同时延长了萧条的进程。进一步的信贷扩张产生了更多的不当投资,在萧条末期这些投资仍然需要被清算。市场利率必要的上涨也受到政府"低利率政策"的抑制。(3)保持较高的工资率。在萧条时期,人为地保持工资率会引起长期的大规模失业。进一步讲,在萧条时期,价格普遍下跌,保持相同的货币工资率等于抬高了实际工资率。(4)阻止物价下跌。使价格高于市场应有的水平,会造成商品滞销,并带来更大的剩余,这就阻止了经济向繁荣的回归。(5)刺激消费并劝阻储蓄。……而更多的

---

① 罗斯巴德:《美国大萧条》,第51—56页。
② 罗斯巴德:《美国大萧条》,第61页。

消费和更少的储蓄将使已储蓄资本的短缺进一步加剧（从而使萧条的进程被延长）。(6)救助失业。任何救助失业的行为（通过失业"保险"、救济金等形式）都将无限期地耽搁失业问题的解决，同时阻碍工人向可提供就业机会的行业转移。①

罗斯巴德认为，

> 这些措施拖延了恢复的进程，加重了萧条。……所以，在萧条时期，健康的政府政策最重要的原则就是不要对调整过程进行干预。
>
> 政府惟一可以做的就是：它应该大幅降低它对经济的影响力，削减其开支和税收，特别是税收，它干扰了储蓄和投资。降低政府的税收开支水平会自动使社会结构中的储蓄—投资—消费比例偏向储蓄和投资，这样就使经济重归繁荣的时间大幅缩短了。……削减税收，或者在管理上减少对自由市场的干预，都会刺激健康的经济行为；增加税收，或者加大这种干预将进一步使经济陷入萧条。②

为了纠正人们对 1929—1939 年经济大萧条所做的那种流行的凯恩斯主义式理解，罗斯巴德以上述理论为指引，对大萧条重新进行了研究，试图对大萧条产生和发展的原因做出一种不同于凯恩斯主义的全新解释。

在《美国大萧条》一书中的序言中，罗斯巴德开宗明义，明确地批评了那种将大萧条归咎于"自由放任的资本主义"内在弊病的流行观点。他写道：

> 大萧条的主要影响在于，美国人开始普遍接受这样的

---

① 罗斯巴德:《美国大萧条》,第 61—62 页。
② 罗斯巴德:《美国大萧条》,第 63—64 页。

观点,即"自由放任的资本主义"必须受到批评。在经济学家和不懂经济学的公众中,普遍的观点认为,在20年代,资本主义得到广泛地重建,而悲剧性的萧条则说明旧时代的自由放任主义已经不能再起任何作用了。在19世纪,自由放任下的资本主义总是使人们感到不稳定,总是招致萧条;而现在,它更糟糕,人们已经对之忍无可忍了。政府必须稳定经济,消除商业周期。今天,一大批人认为资本主义几乎应该受到永久地审判。如果制定货币财政政策的管理层和那些稳定论者不能将资本主义体系从又一场严重的萧条中拯救出来,这批人将最终转而支持社会主义。对于他们来说,这又一次的萧条是一条最后的证据,它说明对资本主义制度进行改革和启蒙也是无济于事。

"但是",罗斯巴德说,"如果仔细分析,这种普遍的反应完全不能自圆其说。实际上,这样的反应是基于一个未经证实的假设,即商业周期是普遍的,经济萧条是特殊的,而它们的产生都是因为自由市场和资本主义经济的内在缺陷。"然而,罗斯巴德认为,"这样的假设是错误的,它并不是基于事实,而仅仅是因为信仰。……20世纪,无论他们实际上的观点有多么不同,几乎所有的经济学家——米切尔主义者、凯恩斯主义者、马克思主义者或其他人——都信服于这一观点。……他们全都相信,商业周期起源于资本主义体系的内在错误。"①

在《美国大萧条》一书中,罗斯巴德以奥地利学派的理论为指导,以大量历史资料为依据,试图说明发生在1929—1939年之间延续了10年之久的经济大萧条其实很大程度上正是由于政府的干预措施耽搁和干扰了市场依靠自身机制对衰退过程进行调整这一因素的结果。罗斯巴德以大量的历史资料证明,1929年大萧条爆发前10年美国经济所经历的繁荣主要是由通货的大规模膨胀造成的。从1921年到1929年,美国的货币供给增加了280亿美元,8年间的增幅为

---

① 罗斯巴德:《美国大萧条》,第30—31页。

61.8%,年平均增长7.7%。"这样的增幅是非常大的。"罗斯巴德说。而导致货币供给总量产生如此大之增幅的主要原因正是政府的一系列干预措施。罗斯巴德进一步以大量历史资料证明,1929年大萧条的形成也主要是由胡佛总统的各种干预主义政策所造成的。"胡佛先生在面对大萧条的挑战时,总是能做出迅速而坚决的反应,这在他的任期内是一以贯之的,他为医治萧条,执行了美国历史上'最为庞大的攻防计划'。他勇敢地运用了每一样现代的经济'工具',每一种先进的和'文明'的经济策略,并充分利用各种政府计划方式来对抗萧条。自由放任主义的原则第一次被公然放弃,历届政府的武器被弃置一边。美国觉醒了,它要最大限度地运用国家的职能,而不受那些陈腐的自由放任思想的约束。在这场觉醒中,胡佛总统是一位大胆创新的领导者。由于使用了我们这个时代每一条'进步'理念,胡佛应该以一种征服者的姿态像英雄那样结束他的任期;但是,他却把美国带进了完全而彻底的崩溃中,无论从长度还是强度上说,这场崩溃史无前例。"通过他在书中所做的这些分析,罗斯巴德说:"我们要揭示的是,政府干预是如何造成20年代那场并不健康的繁荣,胡佛的全新方式是如何通过大量的干预手段使美国大萧条加剧的。经过漫长的时间,我们终于明白,大萧条的错误并不在自由市场经济上,而应该归咎于政客、官僚和那些'开明'的经济学家。而且,对过去或将来发生的任何一次萧条来说,情况都会是这样。"[1]

---

[1] 罗斯巴德:《美国大萧条》,第452—453页。

第七章 对干预主义的反驳(Ⅱ):货币主义

除了奥地利学派之外,干预主义理论还受到了另一派自由主义经济学家的反对。这一派自由主义经济学家被称为"货币主义者",其代表人物是美国著名经济学家弗里德曼。

和奥地利学派一样,弗里德曼也是自由主义思想的坚定信奉者。不过,和奥地利学派思想家们略有不同的地方是,弗里德曼并不完全排斥政府的有限干预。

弗里德曼认为,自由市场经济体系是迄今为止人类发现的一种最有效率的经济体系。借助于市场价格的波动,自由市场体系可以十分有效地完成信息传递、行为激励和收入分配等方面的经济功能,从而使人类拥有的各种资源得到最有效的配置,以最低的成本来使人类的各种需求得到相对最佳的满足,将人类的各种福利提升到相对最优的水平。

弗里德曼指出,自由市场经济体系之所以能够成为这样一种富有效率的经济体系,最主要的原因乃在于它是一种通过各个自由自主的行动主体(市场上的买者和卖者)自愿交换的方式来完成的分工协作系统。他认为,"亚当·斯密关键的洞见是:只要协作是完全自愿的,那么交易双方就能获益;除非交易双方都能获益,否则交易就不会发生。所有人都能通过协作获益,而这种协作并不需要来自外部的强力、强制,也不必侵犯个人自由。"①换言之,如果协作不是完全自愿的,那么交易双方就不一定能够同时都由于协作而获益;而只要交易双方不能够同时在交易中获益,那么不仅一方面由协作产生的整体效益将大打折扣,另一方面由于需要借助强制力才能够维持这种交易持续进行,其成本也将变得巨大。

经济自由不仅是效率的源泉,而且也还是政治自由的保障。这主要是因为经济自由为维护政治自由的人们提供了反抗强权或集权所必要的物质资源。"政治自由意味着一个人不受其他人的强制性的压制。对自由的威胁是强制性的权力,不论这种权力是存在于君主、独裁者、寡头统治者或暂时的多数派。保持自由要求在最大可能的范围内排除这种集中的权力和分散任何不能排除掉的权力——即:相互牵制和平衡的程度。通过使经济活动组织摆脱政治当局的控制,市场便排除了这种强制性的权力的源泉。它使经济力量来牵制政治力量,而不是加强政治力量。"②

当然,自由市场的存在并不排除对政府的需要。相反,自由市场非常需要政府来加以维护。弗里德曼认为,在自由市场经济体系中,

> 政府的必要性在于:它是"竞赛规则"的制定者,又是解释和强制执行这些已被决定的规则的裁判者。③
>
> 从事以下事项的政府:包括维持法律和秩序、规定财产权的内容、作为我们能改变财产权的内容和其他经济游戏的规则的机构、对解释规则的争执作出裁决、强制执行合同、促进竞争、提供货币机构、从事对抗技术垄断的活动和从事广泛地被认为重要到使政府能进行干预的邻近影响的消除,同时,又包括补充私人的慈善事业和私人家庭对不论是疯人还是儿童那样的不能负责任的人的照顾——这样的政府显然可以执行重要的职能。在思想上不自我矛盾的自

---

① 米尔顿·弗里德曼、罗丝·弗里德曼:《自由选择》,张琦译,机械工业出版社,2008年,第2页。
② 弗里德曼:《资本主义与自由》,张瑞玉译,商务印书馆,1986年,第16—17页。
③ 弗里德曼:《资本主义与自由》,第16页。

由主义者并不是无政府主义者。①

和奥地利学派学者类似,弗里德曼也明确地否定西斯蒙第和凯恩斯一类干预主义学者对于经济周期所做的解释,认为在没有政府等外部力量干预的条件下市场本身具有恢复均衡运作的能力和机制,认为政府等外部力量的干预不仅不能够有效地缓解或消除经济周期,反而常常延缓甚至加剧了经济衰退,阻碍了经济过程的均衡运行。② 他写道:

> 据说,私人自由企业经济具有固有的不稳定性。听其自然,它会产生繁荣和萧条这种周期性的循环。因此,政府必须进行干预,使事态保持稳定。在三十年代经济大萧条时期和之后,这些论点是特别具有说服力的,并且导致这个国家(指美国——本文作者注)执行新政和其他国家扩大类似的政府干预。③

弗里德曼明确地认为,

> 这些论点完全是错误的。
> 事实是:那次经济大萧条象大多数其他严重失业时期一样,是由于政府管理不当而造成,而不是由于私有制经济的任何固有的不稳定性。政府建立的一个机构——联邦储备系统——受命掌管货币政策的职责。在 1930 和 1931

---

① 弗里德曼:《资本主义与自由》,第 36 页。
② "货币主义认为,从长期来看市场经济本身有力量趋于均衡,也就是充分就业。从短期来看经济可能是波动的,但产生波动的原因是外生的,不是经济本身固有的力量。因为价格和产量的变化是平稳的,不是急剧的,它能够使经济受到的冲击得到恢复。现在市场经济所以经常波动,不是市场本身,是政府干预经济和实施错误的政策所造成的。在有失业的情况下,市场经济正处于调整过程之中,而政府就实施充分就业政策,干扰了市场经济的正常运行。"范家骧、高天虹:《西方经济学》(下册),中国经济出版社,1992 年,第 477 页。
③ 弗里德曼:《资本主义与自由》,第 38 页。

年,它行使它的职责如此不当,以致把否则会是一次缓和的经济收缩转变为一场大的灾难。①

作为一个所谓的"货币主义者",弗里德曼特别强调货币因素在经济增长过程中的作用,强调货币因素(主要是货币存量)的波动对于经济波动的影响,认为1929年—1934年间的美国大萧条很大程度上正是美国货币管理当局——联邦储备委员会——货币政策选择不当导致货币存量大幅下降所引发的结果。

"货币主义"的英文原文是 Monetarism,这个词据说是由美国罗切斯特大学管理研究院的经济学教授卡尔·布朗纳(Karl Bruner)首先创造的。按照某些经济学家的概括,货币主义的中心命题是:(1)在经济运行过程中货币是最要紧甚至唯一要紧的因素(Only money matters),货币的推动力是说明产量、就业和物价的变化的最主要因素;(2)货币存量(或货币供应量)的变动是货币推动力的最可靠测量标准;(3)货币存量的变动主要受货币当局的支配,因而通货膨胀、经济萧条或经济增长都可以而且应当唯一地通过货币当局对货币供应的管理来加以调节。②

在1963年出版的《美国货币史(1867—1960)》一书中,通过对93年间美国货币史的经验分析,弗里德曼和施瓦茨发现:

1. 货币存量的变化与经济状况、货币收入以及价格的变化之间存在着密切的相关性;

2. 货币状况的变化与经济状况的变化之间的相互关系始终保持高度的稳定;换句话说,这两者之间的相互关系并不随经济结构和制度等环境因素的变化而变化,"货币存量方面的变动与其他经济变量

---

① 弗里德曼:《资本主义与自由》,第38页。
② 罗志如、范家骧、厉以宁、胡代光著:《当代西方经济学说》,北京大学出版社,1989年,第423页。当然,正如所有伟大思想家都曾经有过的经历那样,据说弗里德曼晚年也曾经对用"货币最要紧"这句话来概括他的思想表示不满。他说:"我把所谓'只有货币最要紧'的说法看作过去那个时期对我们结论的基本曲解。"M. Friedmen, "A Theoretical Framework for Monetary analysis", *Journal of Political Economy*, 1970, Vol. 78, p. 217. 转引自马克·布劳格:《经济学方法论》,石士钧译,商务印书馆,1992年,第224页。

之间的相互关系一旦确定下来,就很少再发生变动。影响货币存量的那些外部力量已经发生了根本性的变化。与此同时,货币存量的变动对经济其他方面的影响似乎一直是高度稳定的。"①

3. 货币方面的变化常常是独立的,通常不是对经济运行状况变化的简单反映或必然结果。不仅如此,相当多的证据还表明,货币方面的变化常常是引起经济状况变化的原因。或者说,尽管在较短期和较温和的波动中,我们可以观察到货币存量变动与经济状况变动之间的相互作用,但在较长期的以及主要的周期性波动中,货币的作用明显更大。

4. "在货币问题上,表象是具有欺骗性的,这些重要的相互关系通常与我们所看到的现象恰恰相反。"②

虽然以上四条是相互关联、合为一体的,但其中最核心的还是第3条,即货币不但常常独立发生变化(而不是像人们通常所说的那样是作为经济状况的反映随经济状况的变化而变化),反过来还会对经济状况发生较大的影响。

在1970年发表的《货币分析的理论结构》一文中,弗里德曼曾经将货币数量的增长与以货币来测量的名义收入之间的关系表示如下:

$$Y(t) = V(r) * M(t)$$

式中:$Y(t)$代表t期中的名义收入(GNP),$V(r)$代表(受利息率r影响的)货币流通速度,$M(t)$代表t期中的货币供应。上述公式表明,一国或一地区在特定时期内名义收入的变化主要取决于该国或该地区在该时期内拥有的货币供应量(存量)与货币流通速度的共同作用(在数量上表现为二者的乘积)。

不过,在对货币史进行研究的过程中,弗里德曼等人发现,不仅利息率对货币流通速度的影响很小,而且在一段时期内货币流通速度也具有较高程度的稳定性。因此,在一定时期内,货币供应量$M(t)$的增加或减少,将直接影响到$Y(t)$的变化(刺激生产,或同时引起物

---

① 米尔顿·弗里德曼、安娜·J.施瓦茨:《美国货币史》,巴曙松、王劲松等译,北京大学出版社,2009年,第490页。

② 米尔顿·弗里德曼、安娜·J.施瓦茨:《美国货币史》,第482页。

价的上升)。

关于货币对经济增长的影响作用,弗里德曼的看法和凯恩斯之间有较大差别。胡代光先生曾经将这种差别简要叙述如下:

> 凯恩斯主义者认为,国民生产总值(GNP)或国民收入是由有效需求(投资需求,消费需求,或政府支出)决定的,而不是由货币供应量(M)决定的,M对国民生产总值或国民收入的影响只是间接的。M只对[货币流通速度]V变化发生影响(实际即对货币需求变化发生影响)。M变动首先影响利息率(i),通过i而影响投资(I),然后经过乘数作用引起总需求和国民生产总值的变动。其序列是:
>
> $$M \rightarrow i \rightarrow I \rightarrow GNP$$
>
> 货币主义者则认为,M对GNP有着直接影响,其序列是:
>
> $$M \rightarrow MV = GNP$$
>
> 这即是说,M的增加,除非被所导致的V的变动(货币流通速度减小)完全抵消,将会使GNP增长。但货币主义者认为,因为V是稳定函数,所以GNP的重大变化几乎都是M变动的结果,而不是V变化的结果,即M的变动是直接影响GNP的主要因素。而GNP的变动将意味着产量和价格的变化,即是产量和价格的变化都直接决定于货币供应量M的变动,因此,"唯有货币要紧"。①

那么,货币供应量的变化是如何影响名义收入等经济状况变化的呢?

1956年,弗里德曼发表了一篇题为《货币数量论——重新表述》的文章,在继承以往货币数量论(尤其是以马歇尔和庇古为代表的剑桥派货币数量论)的基础上,表述了他对传统货币数量论的理解,认

---

① 罗志如、范家骧、厉以宁、胡代光著:《当代西方经济学说》,第436页。

为传统的货币数量论只是一种关于货币需求的理论,而不是一种关于产出量或货币收入的理论,也不是关于物价水平的理论。因此,单纯以传统的货币数量论为基础来对产出量或货币收入(GNP)以及物价变动等经济变量进行分析是不够的。"关于这些变量的任何论述,需要把货币数量论同有关货币供应条件或许还有其他变量的规定结合在一起。"①因此,为了对产出量或货币收入(GNP)及物价水平等经济变量的变化进行分析,我们既需要一个货币需求函数,也需要一个货币供应函数。"物价水平或名义收入水平就是货币需求函数和货币供应函数相互作用的结果。"

在1970年发表的《货币分析的理论结构》一文中,弗里德曼曾经将个人财富持有者的货币需求函数表示如下:

$$M/P = f(Y, W, r_m, r_b, r_e, dp/pdt, u)$$
$$或 M = f(Y, W, r_m, r_b, r_e, dp/pdt, u)P$$

式中:
M 为个人财富持有者手中保存的货币量(名义货币量),
P 为一般物价水平,
M/P 为个人财富持有者手中的货币所能支配的实物量,
Y 为个人财富持有者的"永恒收入(或真实收入)",
W 为"非人力财富"占总财富的比例(或来自财产的收入占总收入的比例),
r_m 为货币的名义报酬率(即货币利率),
r_b 为预期有固定收益的资产如债券的名义报酬率,
r_e 为预期收益非固定的资产如股票的名义报酬率,
dp/pdt 为预期的商品价格变化率,
u 则为其他不属于收入方面的因素,如货币流动性效用以及影响此效用的其他因素(人们的嗜好、兴趣等)。

在对影响货币需求的诸因素进行分析时,弗里德曼的基本思路

---

① 弗里德曼:《货币数量论的研究》,转引自罗志如、范家骧、厉以宁、胡代光著:《当代西方经济学说》,第430页。

是把货币看作一种与债券、股票、房屋和耐用消费品等商品一样的商品,并把这种商品当作只是财富持有的一种形式。他认为,对于人们的货币需要,就像对于人们的其他商品需要一样,同样可采用消费者选择理论来进行分析。一般消费者在对诸多商品进行选择时,必然要考虑以下三个因素,即效用、收入水平和机会成本。弗里德曼认为,与消费者对商品的选择一样,人们对货币的需求同样受这三类因素的影响。他对影响货币需求的这三类因素进行了详细的分析。

弗里德曼认为总财富的变化是影响货币需求的重要因素。由于总财富既包括了人力财富又包括了非人力财富,其量值难以测量和统计。因此,一般情况下,可用总收入来代表财富总额。不过,这里讲的总收入,不是指的现期收入,而是指长期收入或"恒久性收入"(permanent income),即一个人所拥有的各种财富在相当长时期内获得的平均收入,相当于以不变价格计算出来的可观察到的过去若干年收入、现期收入及未来若干年可预期的收入的平均数,用符号 Y 表示。弗里德曼认为,人们对货币的需要,首先是由人们恒久性收入水平所决定的。恒久性收入水平越高,对货币的需求就越多;反之则越少。

弗里德曼进一步把财富分为人力财富和非人力财富两类。一般说来,这两类财富相互之间很难转换。不仅人力财富很难转换为非人力财富,非人力财富也很难转换为人力财富。同时,人力财富给人们带来的收入是不稳定的。例如,在劳动力市场需求很小时,人力财富就难以带来收入。由于人力财富的这种不易变现性(不易转换为非人力财富和变成现金收入),使得人力财富在总财富中所占比例越大的人,就越需要持有较多的货币来为保障自己面临劳动力市场需求不足情形时的生活。因此,人力财富和非人力财富这两类财富在总财富中的不同比例,就影响着对货币的需求。为便于测量,可以用非人力财富占总财富的比率(即来自财产的收入占总收入的比率)W 来表示。

持有货币的机会成本是指持有货币可得或预期可得的报酬率与持有其他资产(债券、股票、各种有形资产如房屋、耐用消费品等)可得或预期可得的报酬率之间的差异。在不同情况下货币具有不同的名义报酬率(r_m):"当货币一般是以通货方式出现时,货币的名义报酬率可为零;当货币有时是以收取纯服务费为条件的活期存款方式出现时,货币的名义报酬率可以为负数;当货币有时是以支付利息的活期存款方式和一般以定期存款方式出现时,货币的名义报酬率可以为正数。"其他资产的名义报酬率(r_b、r_e、dp/pdt)主要由两部分组成:"(1)任何现在已付的收益或费用,如债券利息,股票红利,有形资产保管费用;(2)这些资产的名义价格的变动。""当然",弗里德曼指出,"在通货膨胀或通货紧缩的条件下,第二个组成部分是特别重要的。"[1]当其他资产的名义报酬率发生变化时,持有货币可得或预期可得的报酬率与持有其他资产可得或预期可得的报酬率之间的差异就将发生变化。例如,当债券利息或股票红利提高时而货币名义报酬率不变时,或者当通货膨胀发生,商品价格上涨,货币贬值而货币的名义报酬率不变时,持有货币的机会成本就都会上升;反之,持有货币的机会成本就会下降。当持有货币的机会成本上升,人们就会减少货币持有量,增加其他资产的持有量;反之,则会增加货币的持有量,减少其他资产的持有量。

最后,对于个人或企业来说,持有货币既可以用于日常交易的支付,又可以应付不测之需,还可以抓住获利的机会,这就是货币所提供的效用。这些效用虽然无法直接测量出来,但人们的感觉和现实证明它确实是存在的。这种流动性效用以及影响此效用的其他因素,如人们的嗜好、兴趣等是影响货币需求的因素之一,用符号u表示。

由上可以推论出以下结论,在个人的(恒久性)收入水平和货币效用相对确定的情况下,个人愿意持有货币的数量就主要取决于对他而言持有货币的机会成本。这意味着,当货币供应过度导致货币存量超过经济运行实际需要的数量因而造成货币贬值时,在货币名义报酬率不变(甚至降低)的情况下,人们就会争相减持货币,增持其他商品,导致其他商品价格进一步上涨;在真实产量既定的情况下,一国或一地区的名义收入水平就将上升。反之,当货币供应不足导

---

[1] 弗里德曼:《货币分析的理论结构》,转引自罗志如、范家骧、厉以宁、胡代光著:《当代西方经济学说》,第433页。

致货币存量低于经济运行实际需要的数量因而造成货币升值时,人们就会争相增持货币,减持其他商品,从而导致其他商品价格下跌;在真实产量既定的情况下,一国或一地区的名义收入水平就将下降。

在1971年出版的《美国货币史(1867—1960)》一书中,弗里德曼则与施瓦茨一道以他们对美国货币93年历史演变过程的经验研究为基础,总结出了影响货币存量变化的三个主要因素。这三个主要因素是:

1. 高能货币:即公众持有的货币加银行准备金(包括银行库存现金和在联邦储备体系中的存款)。"由于银行准备金中的1美元可以派生出好几美元的存款,所以这些货币被称为高能货币。在其他因素(即下述两项)不变的情况下,高能货币总量的增长会使货币存量发生相同比率的增长。"

2. "商业银行存款和银行准备金之间的比率:对于给定的准备金率,这个比率越高,存款的数量就越大。然而,这个比率对于货币存量的影响不像高能货币的变动对货币存量的影响那么简单,因为假定其他因素不变,存款对准备金比率的增长意味着更多的货币进入公众流通,从而改变准备金数量。因此这一比率变化产生的影响还与下一个比率相联系。"

3. "商业银行存款对公众持有货币的比率:给定其他两项不变,这个比率越高,高能货币中用于银行准备金的量就越大,从而货币存量也越大。这一比率变化产生的影响也与前一个比率相联系。"①

弗里德曼用公式将货币存量与上述三个主要因素之间的关系表示如下:

$$M = H \cdot \frac{\frac{D}{R}\left(1 + \frac{D}{C}\right)}{\frac{D}{R} + \frac{D}{C}}$$

这个公式后来被称为"弗里德曼-施瓦兹的货币供应方程式"。式中:M代表货币存量,H代表全部的高能货币,D代表商业银行存

---

① 米尔顿·弗里德曼、安娜·J.施瓦茨:《美国货币史》,第32页。

款,R 代表商业银行准备金,C 代表公众持有的通货,D/R 即是上述第 2 项因素"商业银行存款和银行准备金之间的比率",D/C 则是上述第 3 项因素"商业银行存款对公众持有货币的比率"。① 货币存量就是由 H、D/R、D/C 这三个因素共同决定的,其中任一因素的变化都可以引起货币存量的变化。但其中最主要的因素则是高能货币的存量。对于这一点,弗里德曼曾做过明确的表述。他写道:"从数学上讲,高能货币存量是决定货币存量变化的主要因素。"②

一般来说,当货币供应量与货币需求二者大体相等时,一般物价水平也将维持不变;反之,一般物价水平即将根据二者之间差异的大小发生相应的波动。弗里德曼认为,在货币需求函数和货币供应函数两者之间,前者具有更高程度的稳定性。其主要原因是在短期内货币需求函数中的那些变量有的(如流动性效用 u、"非人力财富"占总财富的比例 W)本身就具有相对的稳定性,有的(如预期的商品价格变化率 dp/pdt)只在很少情况下才影响货币需求。而由于货币收入和价格水平是由货币需求函数和货币供应函数两者相互作用的结果,货币需求函数的相对稳定性就意味着在短期内货币收入和价格水平在很大程度上主要是由货币供应状况来决定的。

弗里德曼进一步指出,货币存量的三个因素很大程度上又是由不同的经济部分所影响和控制:

1. 在铸币本位制下,高能货币的数量是一个内生变量,主要受铸币及其他商品和服务的生产成本决定,不受政府左右;但在信用货币本位制下,高能货币则是由政府行为决定的。

2. 存款—准备金比率首先取决于银行体系,或者,更准确地说,取决于每家银行独立行为的综合。"不论政府和公众采取何种行动,银行都可以达到任意比率。同时,这一比率于政府规定的准备金率相关;与银行对公众存取款变化的预期相关,即与存款—通货比率的变化相关。当然,这一比率还会受到其他资产运用渠道收益变化的

---

① 米尔顿·弗里德曼、安娜·J. 施瓦茨:《美国货币史》,巴曙松、王劲松等译,北京大学出版社,2009 年,第 32 页。
② 米尔顿·弗里德曼、安娜·J. 施瓦茨:《美国货币史》,第 488 页。

影响。"①

3. 存款—通货比率则是由公众(也即所有持有货币的个体行为的综合作用)决定的。当然,公众的行为也会与政府货币发行行为、吸收存款的法律环境以及银行向存款人提供的服务和存款利息密切相关。

虽然货币存量是由上述三个部分的力量共同影响和控制的,但由于引起货币存量变化的最主要因素是高能货币的存量,因此,影响和控制高能货币存量变化的社会力量实际上也就成为了影响和控制短期内经济状况的主要社会力量。

上述分析也表明,对于一国或一地区的经济运行过程来说,货币(尤其是高能货币)的供应完全是一个外生的变量。它并不受经济运行过程中各种内生变量如价格、收入等的影响,而主要是受经济运行过程之外的各种力量的影响和控制。因此,货币供求之间的不一致就将经常成为一种现实。

弗里德曼认为,1929—1933年美国大萧条的发生,主要就是由于货币当局(美联储)不当的货币政策所造成的。

弗里德曼指出,在历史上,在许多不同的地方和几个世纪的过程中,人们曾经广泛地使用金、银、铜、铁铸造而成的货币,或以香烟、白兰地酒、牛、羊等其他各种有形商品直接作为货币。弗里德曼将这种货币称为"商品货币"。弗里德曼认为,假如货币完全是由主要一些商品货币组成的,那么,社会的货币量就将取决于生产货币商品的成本,而非其他因素。货币量的变化也将主要取决于生产货币商品技术条件的变化和社会对货币需求量的变化。在这种情况下,尽管货币供应量也会不时地超过或少于社会对货币的实际需求量(因而也会通过造成通货膨胀或通货紧缩来影响到物价和名义收入的变化),但社会对货币的实际需求反过来也会影响到货币商品的变化:当货币供应量大于社会对货币的需求量时,货币商品的价格从而产量也就会下降,从而逐渐达到货币供应量与货币需求量之间的平衡;反之,当货币供应量小于社会对货币的需求量时,货币商品的价格从而

---

① 米尔顿·弗里德曼、安娜·J.施瓦茨:《美国货币史》,第33页。

产量也就会上升,从而逐渐达到货币供应量与货币需求量之间的平衡。因此,"这是一个理想的事物,它使许多信仰自动金本位的人受到鼓舞。"①

然而,这种看上去非常理想的货币制度也有着自己的缺陷,这就是"它需要使用真正的资源来增加货币存量"。② 例如,要想使黄金的数量得到增加,人们就必须从事辛苦的劳动把黄金从地下挖掘出来。这就使人们渐渐产生一个强烈的动机,即想方设法不使用这些资源而达到同样的结果。假如人们接受上面印有"我答应支付若干单位的货币商品"字样的纸张作为货币,这些纸张就能起着和有形的黄金和白银同样的作用,但需要消耗的资源就会要少得多。这样,一种信用形式的货币就逐渐被人们创造出来。

显然,由于生产成本低下,信用货币的增加超过社会对货币实际需求量的可能性也便大为增加。为了防止这种可能性经常成为现实,在信用货币出现很长的一段时间内,人们都是将其作为某种商品货币(如金币)的替代物与商品货币混合在一起加以使用,以便使信用货币的增长能够受到后者增长状况的限制。这种货币制度也被称为"商品本位"(如"金本位")制度,尽管是一种不纯粹的"商品本位"制度。不过,尽管不怎么纯粹,但由于其数量变化要受其所替代的商品货币数量的约束,这种货币制度在运作机制上与纯粹的商品货币制度还是很接近,也就是说,它可以通过货币市场的运作来实现对货币生产的自动调节,维持货币供求之间的大致均衡。

信用货币的出现,使伪造信用货币或其他欺诈性交易行为成为可能。"信用货币是支付标准货币的一个契约。通常的情况是:在制定这样契约和实现这样契约之间趋向于有一个长的间隔。这便增加了执行契约的困难,因此也增加了签订欺骗性的契约的诱惑性。"③因此,为了防止这样一些行为,维护正常的货币秩序,即使在商品本位

---

① 弗里德曼:《资本主义与自由》,第 40 页。
② 弗里德曼:《资本主义与自由》,第 40 页。
③ 弗里德曼:《资本主义与自由》,第 41 页。

的货币制度下,政府对货币秩序一定程度的监管也是必需的。① 然而,随着干预主义思潮的逐渐发展,政府对货币秩序的监管和控制范围也逐渐扩大起来。19世纪初期(1913—1914年)成立的美国联邦储备系统就是美国政府用来对货币秩序加强监管和控制的一种工具。美联储成立之初的主要功能是为了更好地应对银行挤兑恐慌所可能造成的货币失序,但之后便逐渐成为美国政府用来干预经济运行状况的一种有力工具。

  银行的一个重要职能是将社会上暂时闲散不用的货币集中起来供应给另外一些需要使用但手头却缺乏货币的人。通过银行的这种作用,货币流通的速度乃至整个经济的效益都得到了提升。然而,频繁爆发的战争、自然灾荒、经济萧条甚至谣言都使银行会常常面临一种因挤兑而破产的风险,而大批银行的破产则会有可能导致整个货币秩序乃至经济秩序的崩溃。在美联储产生之前,相关银行通常是依靠集体协商统一停止兑现的方式来应对这种风险。但这也会对经济运行造成一些不利后果:它会在短期内造成通货不足,从而引发经济衰退。1907年美国的经济衰退就是一例。"恐慌加上限制(兑现),直接地和间接地使那次衰退变成了美国当时所经历的最为严重的一次经济危机。所谓直接地,是指恐慌和限制对信心和有效地经营企业造成的影响,间接地是通过强制使货币的数量减少。"②在很大程度上正是这一事件导致了联邦储备法的通过。"它使得在货币和银行领域采取某些行动在政治上成为必要。……从那以后,由此产生的联邦储备系统就成了国家管理货币的主要权力机构。"③

  如上所述,美联储建立之初的主要目的是为了更好地稳定金融秩序。然而,弗里德曼指出,事实是,

---

① "一旦引入信用因素,即使信用在最初系由私人所提供,要想避免政府对它们的控制是困难的。其理由基本上是防止伪造物或在经济上的类似行为这一困难。"弗里德曼:《资本主义与自由》,第41页。

② 米尔顿·弗里德曼、罗丝·弗里德曼:《自由选择》,胡骑等译,商务印书馆,1982年,第74—75页。

③ 米尔顿·弗里德曼、罗丝·弗里德曼:《自由选择》,第75页。

联邦储备法所造成的货币安排的变化实际上要比该法的创建者或支持者所预期的要远为强烈。在储备法通过时,金本位牢固地统治着全世界——它不是一个完全自动的金本位,但要比任何一切我们迄今经历过的远为接近理想。人们理所当然地认为:金本位会继续这样统治下去,从而联邦储备系统权力受到很大的限制。储备法刚一通过,第一次世界大战随即爆发。于是出现大规模地放弃金本位。到大战结束时,联邦储备系统不再是用来保证一种形式的货币转变为其他形式的货币以及管理和监督银行金本位的一个不重要的附加物。它已成为能决定美国货币量和影响全世界的国际金融状况的一个有自行运用的权力的权威机关。①

随着美联储权力的增强,美联储(因而美国政府)干预货币和经济运行状况的能力即大大加强。然而,这种干预力量的强化却并没有像预期的那样带来更为稳定的经济秩序。相反,倒是使得经济秩序显得更不稳定。弗里德曼指出,如果以1914年为界将内战结束到20世纪60年代的美国历史划分为前后两个极端的话,那么我们会发现,

> 第二个时期在经济上显然是更不稳定的,不管是以货币数量,以价格还是以产量来衡量,都是如此。

虽然两次世界大战会是造成这种不稳定的根源之一,

> 但是,即使略去战争和战事刚结束那几年,而仅仅考虑和平的年代,譬如说,从1920年到1939年和从1947年到今天,结果还是一样。货币数量,价格和产量在联邦储备系统建立之后肯定比以前更不稳定。当然,产量最不稳定的时期是在两次世界大战之间的时期,包括1920—1921年、

---

① 弗里德曼:《资本主义与自由》,第43—44页。

1929—1933年和1937—1938年的几次严重的商业收缩期。在美国历史上,没有其他的二十年包含多至三个这样严重的商业收缩期。①

弗里德曼说:

> 根据对大量历史资料的研究,我个人相信:通过粗略地比较所显示的经济稳定性的差异,确实应该归因于货币机构的不同。这些例证使我相信:在第一次世界大战中和刚结束后,至少三分支一的价格上升应归因于联邦储备系统的建立,而且上升根本不会发生,假使以前的银行制度被保留下来的话。它们使我相信:每次主要的经济收缩期——1920—1921年,1929—1933年和1937—1938年——的严重性应直接归因于联邦储备系统的成立和它的当局的疏忽,而在以前的货币和银行的安排之下,这些事实不会发生。在这些或那些情况下,可能会有经济衰退,但却不大可能发展成为主要的经济收缩。②

弗里德曼以1929—1933年发生的美国大萧条为例来说明自己的观点。按照弗里德曼的叙述,1929年8月,美国经济开始出现收缩迹象,随后于10月份发生的证券市场崩溃在一定程度上"反映了经济困难的不断增加,反映了无法维持的投机活动的破产。"③经济收缩和证券市场的崩溃给人们带来了疑虑,使人们不愿花钱,而希望增加他们的流动储备以备急需。按惯例,在这种情况下,联邦储备系统本应该采取放松银根的措施来增加流动性,以缓解流动性减少给经济运行所造成的负面影响。以前这种措施主要都是由本杰明·斯特朗领导下的纽约联邦储备银行来实行的。此次崩溃一开始,纽约联邦储备

---

① 弗里德曼:《资本主义与自由》,第44页。
② 弗里德曼:《资本主义与自由》,第45页。
③ 米尔顿·弗里德曼、罗丝·弗里德曼:《自由选择》,第82页。

银行也准备继续这样做。"当崩溃发生的时候,纽约联邦储备银行几乎是出于斯特朗时代养成的条件反射,立即自行买进政府公债从而增加(其他商业)银行的储备,来缓和冲击。这使商业银行能够向证券市场上的公司提供额外的贷款,并从它们那里和其他受到崩溃的不利影响的公司那里买进证券,以缓和冲击。"①但是,这次有一个新的情况:斯特朗刚刚去世了。在斯特朗时代就一直"想确立自己领导地位"的联邦储备委员会趁机"迅速行动,要联邦储备银行遵守纪律,后者屈服了。此后,联邦储备系统的做法就同它在本世纪20年代早先的经济衰退中的做法大不一样了。它不是积极放松银根,使货币供应量多于平时,以抵消收缩,而是在整个30年代中,听任货币数量慢慢减少。在1930年末到1933年初这段时间里,货币数量大约减少了三分支一,与此相比,1930年10月前货币数量减少的幅度仍显得很小,仅仅减少了2.6%。……证券市场崩溃的余波和1930年间货币数量的缓慢减少,最终导致了一场相当严重的衰退。即使那次衰退在1930年末或1931年初就告结束——如果不是发生货币崩溃的话,它本来就很可能会是那样——它也会是历史上最严重的一次衰退。"②1930年冬季,部分银行开始倒闭,尤其是一家名为"美国银行"的商业银行的倒闭,引发了储户挤兑的狂潮。储户的挤兑导致了更多银行的倒闭。"仅1930年12月一个月,就有三百五十二家银行倒闭。"③如果没有建立联邦储备系统,那么,面对挤兑风潮,银行会采取以往采取过的那种集体协商统一停止兑现的方式来应对风险。"它会防止银行储备金的流失,几乎一定会防止后来1931、1932和1933年的银行大倒闭,正如1907年的限制很快就制止了当时的银行倒闭一样。的确,如果真是那样,美国银行也许会重新开业,就像聂克波克信托公司在1908年那样。恐慌过去,信心恢复,经济很可能在1931年初就开始复苏,就象在1908年初那样。"④然而,联邦储备系统的存在阻止了银行采取这种激烈的治疗措施。这一方面"直接地是

---

① 米尔顿·弗里德曼、罗丝·弗里德曼:《自由选择》,第82页。
② 米尔顿·弗里德曼、罗丝·弗里德曼:《自由选择》,第82—83页。
③ 米尔顿·弗里德曼、罗丝·弗里德曼:《自由选择》,第85页。
④ 米尔顿·弗里德曼、罗丝·弗里德曼:《自由选择》,第85页。

因为大银行的担心减少了,它们相信向联邦储备系统借钱可以使它们克服可能发生的困难",另一方面"间接地是因为整个社会特别是银行界相信,现在有联邦储备系统对付挤兑风潮,再不需要采取这种严厉的措施了。"①但事实证明它们错了。的确,"联邦储备系统本来是可以提供好得多的解决办法,在公开市场上大规模地买进政府公债。这将为银行提供额外的现金以应付它们储户的要求。这会制止大批银行倒闭,至少是急剧减少倒闭的银行数目,防止公众把存款换成通货,从而不致使货币减少。不幸的是,联邦储备系统犹豫不决,采取的行动很少。总的来说它是袖手旁观的,听凭危机自由发展——在后来的两年中,它一再重复这种行动方式。"②例如,"1931年春天,当第二次银行业危机来临时,联邦储备系统就是这样行事的。1931年9月,当英国放弃金本位制时,它甚至采取了更为反常的政策。联邦储备系统的反应是——在发生严重萧条两年以后——前所未有地大幅度提高利率(贴现率)。它采取这个行动是为避免持有美元的外国人来汲取它的黄金储备,这是它担心英国放弃金本位制后可能发生的事。但提高利率,结果是国内的通货高度收缩——给商业银行和工商企业更增加了压力。联邦储备系统本来可以通过在公开市场上买进政府公债,来抵消它给予正在挣扎的经济的这一剧烈打击,但它没有那么做。""1932年,在国会的强大压力下,联邦储备系统最后在公开市场上大规模买进债券。有力的影响刚开始被感觉到。国会休会了,而联邦储备系统立即就停止了它的计划。""这一惨痛故事的最后一段是1933年银行业的恐慌,又一次以一系列的银行倒闭开始。胡佛和罗斯福之间的交接班更加重了这次恐慌。罗斯福于1932年11月8日当选,但到1933年3月4日才就职。胡佛不愿意在未得到新当选总统合作的情况下采取更严厉的措施,罗斯福不愿意在他就职以前承担任何责任。"结果,"恐慌在纽约金融界蔓延开来,联邦储备系统自己也慌了。纽约联邦储备银行行长试图说服胡佛总统在他任期的最后一天宣布全国银行休假,但没有成功。他于

---

① 米尔顿·弗里德曼、罗丝·弗里德曼:《自由选择》,第85页。
② 米尔顿·弗里德曼、罗丝·弗里德曼:《自由选择》,第86页。

是就会同纽约票据交易所银行和州的银行总监,说服纽约州长莱曼宣布全州各家银行在1933年3月4日罗斯福就职那一天休假。联邦储备银行与商业银行一起停业。其他州的州长也采取了同样的措施。最后罗斯福总统在3月6日宣布全国(银行)休假。"弗里德曼指出,从这一过程中我们可以看到,"中央银行系统的建立,最初是为了是商业银行无需限制付款,但后来它却同商业银行一道,对银行付款实行了美国历史上前所未有的无比广泛和完全的限制,严重地扰乱了经济。"①"1931年的货币变动立即带来了工业产值的急剧萎缩。"② **正是联邦储备系统在应对危机时采取的这一系列不当对策引发了通货紧缩和货币崩溃,从而将一场普通的经济收缩演变成了一场旷日持久的大萧条。**因此,弗里德曼认为:"美国的经济大萧条远远不是私有企业制度所固有的不稳定性的象征,而却可以证明:当少数人对一个国家的货币制度拥有巨大的权力时,他们的错误可以造成多么大损失。"③

有人说联邦储备系统犯下这样一些错误可能是由于当时相关经验和知识不足所致。弗里德曼认为,这种说法"与题无关"。他认为,

> 凡是赋予少数人如此大的权力和如此多的伸缩余地以致其错误能有如此深远影响的任何制度都是一个坏制度——与错误是否可以宽恕无关。对相信自由的人来说,这是一个坏制度,其原因在于:它赋予少数人这样的权力而没有对它施加限制的政治机构——这是反对"独立的"中央银行制度的关键性的政治论点。但是,即使对那些认为安全高于自由的人来说,它也是一个坏制度。不管是否可以宽恕,在一个分散责任而却把大权赋予少数人从而使重要政策行动在很大程度上取决于带有偶然性的个人性格和作风的这一制度中,错误是不能避免的。这是反对"独立的"

---

① 米尔顿·弗里德曼、罗丝·弗里德曼:《自由选择》,第86—87页。
② 米尔顿·弗里德曼、安娜·J.施瓦茨:《美国货币史》,第492页。
③ 弗里德曼:《资本主义与自由》,第50页。

中央银行制度的关键性的技术性的论点。用克莱门梭的话来说：货币重要到如此的程度，以致不能让它为中央银行所管理。①

不过，弗里德曼并不主张在货币方面采取完全自由放任的政策。因为正如前面已经指出过的那样，完全自由放任的货币政策也是行不通的。那么，在既不能依赖完全自动调节的金本位制度又不准备给予货币管理当局以广泛权力的条件下，我们怎么才能建立起一个"既稳定、同时又不受不负责任的政府的摆布，既能对自由企业经济提供必要的货币体系、而又不可能被用来作为威胁经济和政治自由的权力的货币制度呢？"对于这个问题，弗里德曼的回答是："唯一有希望的方法是通过立法成立一个法治的政府，而不是人治的政府来执行货币政策。这种货币政策能使公众通过政治当局对货币政策进行控制，同时又可使货币政策不受政治当局的经常出现的胡思乱想的支配。"②换句话说，就是要在保留中央货币管理当局（如联邦储备系统）的前提下，制定一套货币管理的规章来约束货币管理当局。具体说来是："由立法机关制定规章，命令货币当局来使得货币数量按照具体的比例增长。"在这里，"货币数量的定义包括商业银行以外的流通中的货币加上商业银行的全部存款"。弗里德曼提出，"应该指令联邦储备系统，尽可能地使上述定义的货币数量的总额逐月甚至逐日地按照年率为3—5％之间的比例增长。只要始终遵循一个定义和一个增长率，选择哪一个定义或哪一数值的增长率不过是次要的问题。"③弗里德曼认为，为了减少货币供应乃至经济运行方面的不稳定性，以及保障自由社会的基础不受威胁，这一规章是目前唯一可行的办法，是一个根据我们目前的知识水平而能提供的最有希望的规章，虽然随着时间的推移，随着我们拥有更多的相关知识，我们还可能设计出更好的货币管理规章。

---

① 弗里德曼：《资本主义与自由》，第50页。
② 弗里德曼：《资本主义与自由》，第51页。
③ 弗里德曼：《资本主义与自由》，第53—54页。

第八章　干预主义对自由放任主义：孰是孰非？（Ⅰ）

从前面的叙述中，我们可以看到，在对包括大萧条在内的周期性现代经济危机进行解释和应对方面，至少存在着四种不同的经典理论系统（以卡钦斯等人为代表从西斯蒙第延续来的"消费不足论"，以凯恩斯和汉森等人为代表的"投资不足论"，以米塞斯、哈耶克、罗斯巴德等人为代表的奥地利学派以及以弗里德曼为代表的"货币主义"；其他理论在某种程度上都可以视为这几种理论系统的混合或杂交）。根据本书讨论的需要，这四种经典理论系统又可以进一步概括为由"消费不足论"和"投资不足论"构成的干预主义和由"奥地利学派"和"货币主义"构成的自由主义两大基本取向。那么，我们到底该怎样来看待这些不同的理论系统或取向呢？在这些不同的理论系统当中，到底哪一种更为合理或更为可取呢？

正像我们前面在分析罗斯福"新政合理性证明"时所指出过的那样，所有这几种理论系统，无论是属于干预主义还是属于自由主义，在内容或结构上都主要包括以下两个方面：一是对大萧条等周期性现代经济危机发生之原因的解释和论证，二是对这类周期性现代经济危机加以应对的策略方案的阐释和论证。因此，和前面一样，我们也不妨从这两个方面入手来对上述几种理论系统的合理性或可取性进行讨论。

我们先来看上述各种理论当中,哪种理论系统对于"大萧条"等周期性现代经济危机发生之原因的解释和论证相对而言更为合理或者可取。

如前所述,在对"大萧条"等周期性现代经济危机的发生原因进行解释时,干预主义和自由主义两大话语系统之间的区别主要在于:各种类型的干预主义话语都把引发周期性经济危机的直接原因归于自由市场经济体系本身包含的某种内在因素(消费不足,或投资不足等,可以概括为需求不足),各种类型的自由主义话语则都把引发周期性经济危机的直接原因都归于自由市场经济体系以外的某种因素(银行信用的扩张,或者美联储一类政府机构货币政策的失误等)。具体点说,对于干预主义话语而言,现代经济危机之所以会周期性爆发,是因为自由放任主义市场经济体制内在包含的一些弊病会造成(消费或投资)需求不足,导致供求失衡,最终引发经济崩溃。这里的因果关系是:自由放任主义——需求不足——经济崩溃。而对于自由主义话语来说,现代经济危机之所以会周期性发生,则是因为市场经济体系之外的某些力量对市场经济体系的运作形成了周期的干扰,导致经济均衡运作所需要的条件被破坏,最终引发经济崩溃。这里的因果关系是:市场外部力量对市场经济形成干扰——经济运行失衡——经济崩溃。因此,参照我们前面对"消费不足论"所做的分析,我们可以把干预主义和自由主义两大话语系统在经济危机原因方面所做解释得以成立所必须进行的证明工作概述如下:

对于干预主义而言,为了证明资本主义国家中发生的经济崩溃"真的"是自由放任主义政策的必然后果,他们就必须:(1)找到一些经验事实来表明在历次经济崩溃发生之前确实出现了"需求不足"的现象;(2)从理论上说明"需求不足"现象与历次"经济崩溃"的发生两者之间确实存在着无法否认的逻辑联系;以及(3)从理论逻辑和经验事实两个层面证明这种引发了经济崩溃的"需求不足"现象的确是自由放任主义政策及其经济社会体制的结果。如果这三个方面的要求得不到确认,那么干预主义者对周期性现代经济危机产生原因的解释就无法得到确认。

类似地，对于自由主义而言，为了证明资本主义国家中发生的经济崩溃"真的"是某种市场外部力量（而不是自由放任主义政策本身）的必然后果，他们也必须：(1) 找到一些经验事实来表明在历次经济崩溃发生之前确实出现或存在被认为干扰了市场经济体系运作的这种外因因素；(2) 从理论上说明这种外部因素与历次"经济崩溃"的发生两者之间确实存在着无法否认的逻辑联系；以及(3) 从理论逻辑和经验事实两个层面证明这种引发了经济崩溃的相关外部因素的确不是自由放任主义政策及其经济社会体制的结果。如果这三个方面的要求得不到确认，那么自由主义者对周期性现代经济危机产生原因的解释也就无法得到确认。

我们现在来对上述话语系统得以成立所需要的条件及其具备状况分别做一简要考察。

首先，我们来看看，被上述各种话语宣称引发了经济危机的各种现象在历次经济危机发生之前是否确实存在。

卢卡斯(Lucas)、阿贝尔(Abel)和伯南克(Bernanke)等人在对一个半世纪以来西方发达国家的经济周期进行了调查之后，总结了有关经济周期的一些"典型事实"。如下表所示：①

表 8-1 经济周期的"典型事实"

变量	方向	时序
生产		
工业生产	顺周期的	重合的
支出		
消费	顺周期的	重合的
经济固定投资	顺周期的	重合的
住宅投资	顺周期的	领先的
存货投资	顺周期的	领先的
政府购买	顺周期的	不确定的

---

① 转引自布莱恩·斯诺登、霍华德·R.文：《现代宏观经济学：起源、发展和现状》，余江涛等译，江苏人民出版社，2008年，第264—265页。

劳动市场的变量		
就业	顺周期的	重合的
失业	逆周期的	没有明确模式的
平均劳动生产率	顺周期的	领先的
实际工资	顺周期的	不确定的
货币供应量和通货膨胀		
货币供应量	顺周期的	领先的
通货膨胀	顺周期的	滞后的
金融变量		
股票价格	顺周期的	领先的
名义利率	顺周期的	滞后的
实际利率	非周期的	不确定的

上表列举了比较公认的经济周期中最为关键的一些"基本事实"或"典型事实",并按照它们与GDP运动相关的方向和时序对它们进行分类:就方向而言,凡是在经济周期中运动方向与GDP运动方向一致的变量被归为"顺周期的",反之则被归为"逆周期的";就时序而言,凡是在GDP变化之前就发生变化的变量被归为"领先的",跟随在GDP之后发生变化的变量被归为"滞后的",与GDP同时发生变化的变量被归为"重合的",其他则可能是"不确定的"或"没有明晰模式的"。从表中可以看到,上述四种理论系统所提用来解释经济周期现象的关键因素("消费"、"投资"、"货币变量"等)其变化态势("方向"、"时序")均与GDP的变化态势高度一致。这似乎表明,在对有据可查的绝大多数经济周期进行解释方面,上述四种学说都可在一定程度上获得所需"事实"依据的支持。在这一点上,不仅自由主义和干预主义之间难分伯仲,而且自由主义内部的不同学派之间,或者干预主义内部的不同学派之间也无分高低。

不过,也有人认为,上述四种理论系统所提用来解释经济周期现象的诸因素在时序方面与GDP运动之间的关系还是有着较大的差异:相对消费和经济固定投资而言,"存货投资"和"货币供应量"在时序方面相对GDP的运动具有"领先性"。按照统计学中的因果分析原理,这表明它们更有可能被归结为引致GDP运动周期性发生变化的主要因素。假如这种观点可以被接受的话,那就表明"消费不足"论应

第八章 干预主义对自由放任主义……孰是孰非？（一）

表8-2 1919年至1935年间美国国民生产总值和消费支出状况（百万美元）[1]

	1919	1920	1921	1922	1923	1924	1925	1926	1927	1928	1929	1930	1931	1932	1933	1934	1935
GNP	68750	82835	66148	67186	78214	78791	83413	88780	86778	90053	93640	82723	64751	47202	46538	55765	61243
消费支出	49409	60736	54660	53904	60015	63546	64202	69743	68570	72229	73342	69061	56288	44055	42270	49704	52235

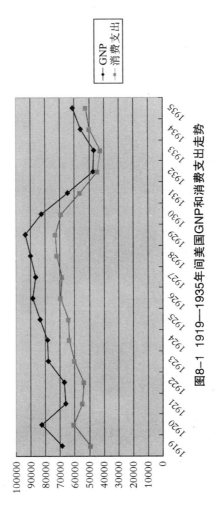

图8-1 1919—1935年间美国GNP和消费支出走势

---

[1] 表中数据来源于Simon Kuznets, *National Income and Capital Formation,1919-1935*, Appendix Table Ⅷ, National Bureau of Economic Research, 1937, p.85。

该被排除在我们可接受的理论系统名单之外。不过,即使如此,这也无法帮助我们解决干预主义和自由主义之间的分歧。在"存货投资"和"货币供应量"这两个因素当中,由于它们一个是属于干预主义者所提用来解释经济周期的主要因素,另一个属于自由主义者所提用来解释经济周期的主要因素,因此,由它们所反映出来的"事实"依然无法帮助我们判断自由主义和干预主义孰是孰非。

如果我们单独考察1929年美国经济大萧条的情况,结果也与此类似。

例如,虽然有一些人如小福尔索姆、汉森、库兹涅茨等所提供的资料向我们明确地否定了1929年大萧条之前存在着"消费不足"现象。但同样按照库兹涅茨所提供的数据,我们却可以发现,消费支出的变动与国民生产总值或国民收入的变动之间确实存在着较高的相关度。表8-2提供了1919年至1935年间美国国民生产总值、国民收入和消费支出的年度数据。从表中的数据以及根据表中数据绘制而成的图8-1,我们可以看到,1919年至1935年间,美国国民生产总值的年度变动(或国民收入的年度变动)情况和消费支出的年度变动情况两者之间的确存在着高度的相关性或一致性(除了1922年这一个时间点之外,在所有其他年份上,当消费支出上升时,国民生产总值也就上升;消费支出下降,国民生产总值也就下降;消费支出上升或下降幅度大的年份,国民生产总值上升或下降的幅度相应也大;反之,相应也小。)在一定程度上,这似乎可以用来表明消费不足论的可信性。

同样按照库兹涅茨所提供的数据,我们也可以发现1929年—1935年间美国投资需求或资本形成的变动与国民生产总值或国民收入的变动之间也确实存在着高度的相关性或一致性。表8-3提供了1919年至1935年间美国国民生产总值、国民收入和资本形成的年度数据。从表中的数据以及根据表中数据绘制而成的图8-2,我们可以看到1919年至1935年间,美国国民生产总值的变动(或国民收入的变动)和资本形成的变动两者之间也的确高度相关或一致:除了1924年(资本形成下降而GNP则继续上升)、1926年(资本形成有所下降但GNP继续上升)、1928年(资本形成下降但GNP上升)、1933年(资

表8-3 1919年至19 5年间美国国民生产总值和总资本形成（GCF）状况（百万美元）[1]

	1919	1920	1921	1922	1923	1924	1925	1926	1927	1928	1929	1930	1931	1932	1933	1934	1935
GNP	68750	82835	66148	67186	78214	78791	83413	88780	86778	90053	93640	82723	64751	47202	46538	55765	61243
GCF	19341	22100	11488	13282	18199	15245	19211	19037	18208	17827	20298	13662	8464	3147	4268	6061	9008

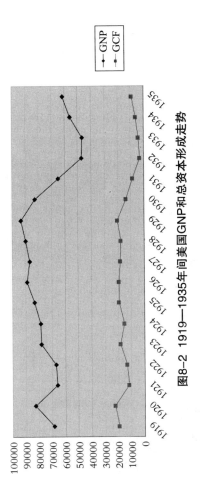

图8-2 1919—1935年间美国GNP和总资本形成走势

① 表中数据来源于Simon Kuznets, *National Income and Capital Formation,1919-1935*, Appendix Table Ⅷ, National Bureau of Economic Research, 1937, p.85。

第八章 干预主义对自由放任主义…孰是孰非？（Ⅰ）

本形成有所上升而 GNP 则有所下降）四个年份外，在其他年份上，也是当资本形成上升时，国民生产总值也就上升；资本形成下降，国民生产总值也就下降；资本形成上升或下降幅度大的年份，国民生产总值上升或下降的幅度相应也大；反之，相应也小。这似乎可以表明，投资需求的变化在一定程度上也的确可以用来解释像 GNP 一类的经济总量的变化。

不过，对比图 8-2 和图 8-3，我们会发现，1919 年至 1935 年间，美国国民生产总值的年度变动状况与消费支出年度变动状况之间的一致性，比与资本形成年度变动状况之间的一致性，似乎要更高一些。图 8-3 把美国国民生产总值的年度变动状况与消费支出变动状况、资本形成变动状况之间在一致性方面的细微差异更直观地表达了出来。观察图 8-3，我们可以发现，国民生产总值和消费支出的年度变化趋势之间只有在 1922 年这一个时间点上出现了不一致（消费支出下降而 GNP 却继续呈上升之势），而国民生产总值和资本形成的年度变化趋势之间却在 1924 年（资本形成大幅下降但 GNP 却略有上升）、1926 年（资本形成略有下降但 GNP 却大幅上升）、1928 年（资本形成有所下降但 GNP 却有所上升）三个时间点上呈现出了不一致的情况。我们该如何来解释这样一种虽然细微但却不应被忽略的差异呢？

按照统计学的一般原理，从上述差异中，我们似乎可以得出这样一个结论，即：与国民生产总值和资本形成年度变化趋势之间的关系相比，国民生产总值和消费支出年度变化趋势之间呈现出来的相对更高程度的一致性，表明了国民生产总值的波动在相对更大的程度上是由消费支出的变化所决定的，而只在一个相对较小的程度上受资本形成状况变化的影响。分别计算各年度资本形成和消费支出两组数据与国民生产总值之间的相关系数，也可以发现相同的结论：1919 年—1935 年间，美国各年度资本形成与国民生产总值之间的相关系数为 0.8965，而消费支出与国民生产总值之间的相关系数则为 0.9621。后者明显高于前者。假如这一结论能够成立的话，那么"消费不足论"似乎就更进一步地获得了经验事实的支持。

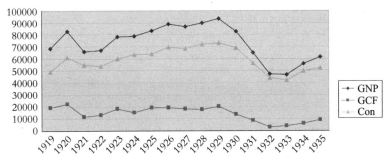

图 8-3　1919—1935 年间美国 GNP、消费支出和总资本形成走势

然而,同样以库兹涅茨提供的上述数据资料为依据,美国著名经济学家汉森却得出了与上述完全不同的一种结论。在其名著《财政政策和经济周期》一书中,汉森以凯恩斯主义的基本理论为指引,提出了这样一种独特的看法,即:投资需求(或资本形成)的年度波动趋势与消费支出的年度波动趋势之间出现的上述差异,主要原因在于投资需求的变化往往先于消费支出的变化,或者说,消费支出的变化往往滞后于投资需求或资本形成的变化。

汉森指出,尽管在每一次的经济波动当中,消费需求和投资需求都会发生相应的波动,但从时间角度来看,在这两者当中,投资需求的波动一般说来总是要先于消费需求的波动。汉森写道:"考虑到时间因素,那么很明显,尽管投资和消费总是一起波动,但它们的运动并非是完全同步的。库兹涅茨提供的数据显示,投资总是趋于领先一步,而消费则随之而行。例如,1921 年的经济复苏就是始于投资支出的扩张。从 1921 年到 1922 年总投资增加了 18 亿美元,与此同时,消费支出却继续(虽然是以一种有所降低的速率)下降了 7 亿美元。在随后的几年里两者则一起呈现出强烈的上升运动。同样,在 30 年代的经济复苏过程中,投资也是率先启动,从 1932 年至 1933 年增加了 7 亿美元,而与此同时消费则依然下降了 18 亿美元。在 1929 年的经济崩溃过程中,投资和消费虽然同时呈下跌趋势,但我们还是应该注意到这样的事实,即:从 1929 年到 1930 年,投资支出呈呼啸直下之势,而消费支出则只呈现一种相对较小的收缩。这表明即使在经济收缩过程中消费的收缩也是跟随在投资的收缩之后。"①

汉森还写道:"投资相对于消费的领先性不仅可以从宏观商业周期的转折点中找到踪迹,而且也可以在微观商业循环中找到证据。例如,1923至1924年间存在过一次微小的经济收缩,这次收缩主要只是通过投资方面的衰退显示出来,消费方面却继续着保持上升的态势(尽管是在一种降低了的速率上)。在随后的1925年里投资跳跃着上升,而消费则上升了一点点,显示出了消费的滞后性。在下一年(从1925—1926年)投资继续维持在已经达到的较高水平上,而消费(在前一年上升的投资的刺激之下)则呈现出强烈的向前运动之势。消费再一次呈现出紧跟投资的态势。自此至1929年,两者都保持了较高的增长态势(1928年投资略有下降)。"②

据此,汉森总结说:"近20年的统计资料趋于支持以下命题,即:投资是经济循环过程中的主动因素,消费则只扮演了一种被动的、滞后的角色。"③

显然,假如汉森的上述分析是可以被接受的,那么,1919—1935年间美国投资需求(或资本形成)年度变化趋势与消费支出年度变化趋势之间差异的意义就发生了根本的变化。正如我们前面所分析的那样,这一差异本是一件看上去对"消费不足论"相对有利而对"投资不足论"相对不利的"事实"。然而,现在,经过汉森上述这一番解释之后,它的性质发生了根本性的变化:它不仅不再显得与"投资不足论"有所唐突,反而还成了"投资不足论"的有力证据。④

在《美国大萧条》一书中,罗斯巴德则提供了一套可以证明

---

① Alvin H. Hansen, *Fiscal Policy and Business Cycles*, New York: W. W. Norton & Company Inc., 1941, p. 49.

② Alvin H. Hansen, *Fiscal Policy and Business Cycles*, pp. 49—50.

③ Alvin H. Hansen, *Fiscal Policy and Business Cycles*, p. 50.

④ 然而,尽管如此,我们仍然要指出,汉森上述分析的貌似有理并不能证明上述与其相反的分析就完全是错误的、不能成立的。在上述汉森的分析和与其完全相反的分析之间,何种分析更为可取,单从这两种分析本身并不能得出明确的结论,而是取决于我们皈依何种话语系统。如果我们皈依于凯恩斯主义一类的"投资不足论"话语,那么汉森的分析显然就是更为可取的;反之,如果我们皈依于"消费不足论"一类的话语,那么上述与其相反的分析就是更为可取的。

1921—1929年间美国信贷涨缩与经济涨缩之间存在高度一致性的数据资料。详见表8-4：

表8-4　美国1921—1929年货币供给总量(单位:10亿美元)①

日期 年/月/日	银行外 通货$_1$	调整后 的活期 存款	定期 存款	调整后 的存款 总额$_2$	储蓄和 贷款资 本$_3$	人寿保 险保单 净资本	货币供 给总量$_4$	每年较前 1年的变动 幅度(%)
1921/6/30	3.68	17.11	16.58	37.79	1.85	5.66	45.30	—
1922/6/30	3.35	18.04	17.44	39.00	2.08	6.08	47.16	4.1
1923/6/30	3.74	18.96	19.72	42.75	2.42	6.62	51.79	9.8
1923/12/31	3.73	19.14	20.38	43.50	2.63	6.93	53.06	4.9
1924/6/30	3.65	19.41	21.26	44.51	2.89	7.27	54.67	6.1
1924/12/31	3.70	20.90	22.23	47.08	3.15	7.62	57.85	11.6
1925/6/30	3.57	21.38	23.19	48.32	3.48	8.06	59.86	7.1
1925/12/31	3.77	22.29	23.92	50.30	3.81	8.48	62.59	9.2
1926/6/30	3.60	22.00	24.74	50.57	4.09	8.96	63.62	3.3
1926/12/31	3.83	21.72	25.33	51.12	4.39	9.46	64.96	4.2
1927/6/30	3.56	21.98	26.46	52.23	4.70	9.98	66.91	6.0
1927/12/31	3.70	22.73	27.37	54.08	5.03	10.50	69.61	8.1
1928/6/30	3.62	22.26	28.53	54.68	5.39	11.05	71.12	4.4
1928/12/31	3.59	23.08	28.68	55.64	5.76	11.60	73.00	5.2
1929/6/30	3.64	22.54	28.61	55.17	6.00	12.09	73.26	0.7

说明：1.包括金币、国库通货、联邦储备券和各种低级通货；2.包括前三项总和加可以忽略的美国政府存款；3.储蓄和贷款协会的股份资本；4."调整后的存款总额"、"储蓄和贷款资本"、"人寿保险保单净资本"三项之和。

将表8-4的数据与表8-2中1921年至1929年间美国GNP年度变化数据相对照(也可见图8-4)，我们可以看到，货币供给的增减状况与国民生产总值一类经济指标的升降之间也的确存在着一定的相关性或一致性：

① 罗斯巴德：《美国大萧条》，第148页。

（1）从 1921 年 6 月 30 日至 1929 年 6 月 30 日，美国的货币供给总量每年都在增加，尽管每年增加的幅度有所变化。从 1921 年 6 月 30 日至 1929 年 6 月 30 日止，美国的货币供给总量增加了 280 亿美元，增幅为 61.8%，平均每年增长 7.7%。按照罗斯巴德的说法，"这样的增幅是非常大的"。① 而这 8 年，正是大萧条发生之前被称为"喧嚣的十年"的美国经济大繁荣阶段的主要时期。此外，除了个别年份，如 1927 年（货币供给总量上升但 GNP 却下降）之外，在绝大多数年份上，货币供给总量的变化态势和 GNP 的变化态势之间基本上还是保持一致的。

（2）货币供给的增长状况于 1929 年上半年达到稳定，"此时银行存款下降，货币供给总量则几乎保持不变。"② 甚至可以说，"从 1921 年 6 月以来，货币供给总量第一次停止上升，并几乎保持恒定。"③ 货币供给总量仅仅只是从 1928 年末的 730 亿美元增加到 1929 年中期的 732.6 亿美元，年增长幅度仅达 0.7%，远小于之前年均 7.7% 的增长率，几乎可以忽略不计。而正是从这一刻起，20 年代的大繁荣即将成为过去，大萧条即将或者说已经开始。

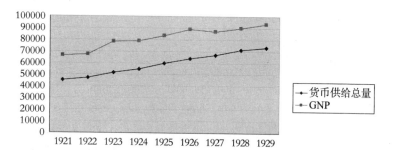

图 8-4　1921—1929 年间美国货币供给总量和 GNP 走势（罗斯巴德数据）

在《美国货币史》一书中，米尔顿·弗里德曼、安娜·J.施瓦茨想要做的主要事情之一也就是要用美国货币史上的一些数据资料来说明货币存量的变化与国民收入一类经济变量的变化之间的相互关

---

① 罗斯巴德：《美国大萧条》，第 149 页。
② 罗斯巴德：《美国大萧条》，第 149 页。
③ 罗斯巴德：《美国大萧条》，第 177 页。

系，尤其是货币存量的变化对后一类变量变化的影响。表 8-5 的数据即采自该书附录 A"基本表格"中的表 A-1"1867—1960 年经季节性调整的公众持有的通货和存款"。

表 8-5 美国 1919—1939 年货币供给总量（单位：10 亿美元）①

年份	公众持有的通货	商业银行 活期存款	商业银行 定期存款	商业银行 存款总额	互助储蓄银行	邮政储蓄体系	总和
1919	4.21	19.25	10.04	29.29	4.93	0.16	38.59
1920	4.49	18.66	11.37	30.03	5.36	0.16	40.04
1921	3.74	16.91	11.26	28.17	5.57	0.15	37.62
1922	3.78	19.06	12.86	31.92	5.92	0.13	41.75
1923	3.98	18.96	14.13	33.09	6.40	0.13	43.60
1924	3.92	20.49	15.56	36.05	6.84	0.13	46.93
1925	3.96	22.12	16.94	39.06	7.24	0.13	50.40
1926	3.98	21.46	17.57	39.03	7.70	0.14	50.85
1927	3.86	21.88	19.22	41.10	8.29	0.15	53.40
1928	3.83	22.60	20.14	42.74	8.78	0.15	55.51
1929	3.80	22.63	19.43	42.07	8.82	0.16	54.85
1930	3.81	21.11	19.11	40.25	9.41	0.24	53.71
1931	4.60	17.29	15.45	32.74	9.97	0.60	47.91
1932	4.83	15.51	13.69	29.20	9.90	0.90	44.83
1933	4.84	14.92	11.05	25.97	9.53	1.21	41.55
1934	4.56	18.22	12.29	30.50	9.70	1.21	45.97
1935	4.88	22.15	13.31	35.46	9.84	1.20	51.38
1936	5.47	25.39	14.13	39.51	10.02	1.26	56.26
1937	5.52	23.57	14.88	38.44	10.13	1.27	55.36
1938	5.60	26.13	14.85	40.98	10.24	1.25	58.06
1939	6.21	29.78	15.24	45.04	10.48	1.28	63.01

将表 8-5 中的数据与表 8-2 中 1919 年至 1935 年间美国 GNP 年度变化数据相对照（也可见图 8-5），我们可以看到我们曾经以罗斯巴德提供的货币供给数据为依据时所看到的相同情形，即货币供给的增减状况与国民生产总值一类经济指标的升降之间的确存在着一定的相关性或一致性：从 1919 年到 1920 年，货币存量增长了 3.76 个百分点，与此相应，GNP 则增长了 20 个百分点。1920 年到 1921 年，货

---

① 数据采自米尔顿·弗里德曼、安娜·J. 施瓦茨：《美国货币史》，第 508—515 页。

币存量下降了6个百分点,GNP则下降了20个百分点。从1921起直到1928年止,货币存量持续增长,而除了1926—1927年外,GNP基本上也是呈持续增长的态势。从1929年起至1933年,货币存量呈逐年下降态势,与1928年相比,1933年的货币存量下降了25个百分点;与此相应,稍微迟滞了一年后,从1930年起至1933年,GNP也同样呈现出逐年下降的态势,与1929年相比,1933年的GNP总量下降了50个百分点(成为大萧条的主要表征之一)。之后,货币存量自1934年开始恢复增长,GNP也完全一样。

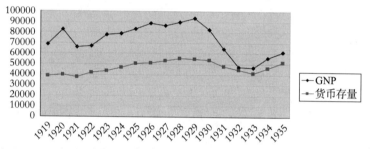

图8-5　1919—1935年间美国货币供给总量和GNP走势(弗里德曼数据)

综上所述,我们可以看到:无论是上述四种学说中的哪一种,都可以从现实生活中找到自己所需要的"事实"依据。因此,单从所谓的"事实"出发,我们是无法对上述几种理论系统的是非对错进行最终的、决定性的选择的。① 正如美国著名经济学家现任美联储主席伯南克所指出的那样:"虽然我们可以很容易地观测到,在经济紧缩阶段,货币供给、产出水平和价格水平都急剧下降,在经济复苏阶段则快速上升,但是货币供给、产出水平和价格水平这些经济变量之间的

---

① 例如,弗里德曼曾经提出导致大萧条的主要因素是20世纪30年代的银行恐慌及随后美联储的不当应对所引致的货币紧缩。虽然在萧条期间也存在着消费需求和投资需求大幅下降的情况,但按照弗里德曼的分析,这些需求的下降主要是由货币紧缩所引起。换句话说,在货币紧缩和需求下降两者之间,前者是因,后者是果。然而,特明却通过相关经验数据所进行的仔细分析得出了相反的结论。通过将弗里德曼等人的理论与实际资料相对照,特明发现,并无任何证据表明在1929—1930年上半年这段对于大萧条的发展来说最为关键的时间段里,货币扮演了重要的角色。银行恐慌本身是由经济不景气导致的,而货币存量随后的下降也完全可以解释为是人们对货币需求减少的结果。见Peter Temin, *Did Monetary Forces Cause the Great Depression?* New York: W. W. Norton & Company Inc, 1976.

因果关系较难断定,我们无法确切地知道哪些变量是'因',哪些变量是'果',这也就导致了我们对货币因素和产出因素究竟哪个是'大萧条'的形成原因的无限制的争论。"①

其次,我们来看看,上述各种因素与周期性经济危机之间是否确实存在着无可否认的逻辑联系。

毫无疑问,正如伯南克所指出的那样光有"事实"资料的支持并不足以"证明"某一种理论观点的正确性。为了使某一"事实"对某一理论确实能够起到支持作用,我们就必须进一步说明这一"事实"与该理论欲用这一"事实"作为原因来加以解释的那一现象之间确实存在着无可否认的逻辑联系。

如上所述,像西斯蒙第、凯恩斯一类的早期干预主义者多是以"有效需求"这种实际因素的波动来解释经济周期的存在,以"需求不足"现象来解释经济萧条的发生。为了证明这一点,他们都努力地以不同方式来说明"需求不足"与经济萧条之间的逻辑联系。

在《政治经济学新原理》一书中,西斯蒙第明确地指出,人们从事生产的目的是为了满足自身生存和发展的需要。任何超出人们需要水平的生产都将因其无意义(对自给自足、无须通过市场交换来实行其产品价值的个人或集体来说)或者因其无法与他人产品相交换、因而无法实现其价值(对市场经济体制下需要通过与他人产品相交换而实现自身价值的生产者来说)而自觉或被迫终止。因此,生产始终应该与人们的需要相适应,生产不应该超出人们对产品的需要。在现代社会组织形式下,由于消费者只能通过购买的途径取得自己所需要的产品,因此,生产将不是以社会成员的实际需要为限度,而是以社会成员具有的购买力为限度。"即使社会上有很多人吃不饱,穿不暖,没有合适的房子住,社会也只需要它所能购买的[产品]数量。"②如果消费者的购买力能够持续与生产出来的产品数量持平,那

---

① 伯南克:《大萧条》,宋芳秀、寇文红译,东北财经大学出版社,2007年,序言,第3页。
② 西斯蒙第:《政治经济学新原理》,第82页。

么生产者生产出来的产品就不乏购买者,生产过程就可以顺利进行;相反,如果消费者的购买力相对生产出来的产品数量而言出现了不足,那么就必然会有部分产品卖不出去,这部分产品的生产过程就将被迫停止,工厂将被关闭,工人将失业,经济也就将陷入萧条的境地。所以,经济萧条主要是由于消费者购买力不足导致消费需求不足所造成的。

凯恩斯主义者也以"有效需求"这种实际因素的波动来解释经济周期的存在,以"需求不足"现象来解释经济萧条的发生。但和"消费不足论"者不同,凯恩斯主义者否定单纯用"消费(购买力)不足"这一现象来直接解释经济危机的发生。凯恩斯主义者认为,"有效需求"并不只包括消费需求,除了消费需求之外,有效需求还包括投资需求。因此,只用消费不足来解释经济萧条是不可取的,因为,由消费不足所造成的供求裂隙完全可能由投资需求的变化所填补。假如投资需求真的能够填补由于消费不足所造成的供求裂隙,那么生产过程就不会遭遇市场需求不足的困难。只有当投资需求不能填补这一裂隙时,供求平衡才会被打破,经济才会陷入萧条境地。美国著名凯恩斯主义者汉森明确写到:"随着实际收入的增加,收入和消费之间的差额日益扩大(直至实现了充分就业的产量时为止)。因此,消费函数的形状成为扩张的上限。在几个月或甚至几年的时间里,消费与收入之差额会达到其最大水平——如在 20 世纪 20 年代的高涨时期,消费与收入均在高水平下持续地保持了两者之间相当稳定的差额。只要投资,无论是自发投资还是引致投资,足以弥补这一差额,这种情况就可以持续下去。"① 由于凯恩斯主义者认为消费需求在国民收入中的比例(边际消费倾向)会随着收入水平的提高而逐渐下降,消费不足所造成的供求裂隙会随着收入水平的提高而越来越大,社会生产对投资需求的依赖程度也会越来越高,因此,经济萧条将主

---

① 汉森:《货币理论与财政政策》,李凤圣等译,山西经济出版社,1992 年,第 165—166 页。

要是由于投资需求的波动所造成的。① 不过,尽管有这样一些不同的

---

① 不过,这并不意味着我们要对"消费不足论"的作用全盘加以否定。说"消费不足论"在逻辑上有不严密之处,并不等于说它就毫无可取之处。我们上面所指出的,仅仅是"消费不足"(包括严重的消费不足)现象不一定会**必然**引发现代经济危机的几种情况,但这并不能够让我们反过来得出结论说,在任何情况下,"消费不足"现象都**必然**不会引发以生产过剩为特征的现代经济危机,在任何情况下"消费不足"现象都不可能成为引发现代经济危机的原因。相反,上面的分析也正好从反面告诉我们,在上述几种情形所指出的特殊条件(如技术进步)不存在的情况下,"消费不足"现象的还是可能成为引发现代经济危机的主要原因。在这种情况下,想方设法提升购买力或消费水平也就有可能成为缓解或消除经济危机的一种主要政策手段。

我们以"技术进步"因素的缺失为例并借助于前面西斯蒙第曾经举过的例子来对此加以说明:设在西斯蒙第假想的布厂里有100个工人,年生产1万欧纳布匹,每个工人每年挣300法郎,工人的收入达到3万法郎;企业拥有的资本为10万法郎,利润率为15%,由工厂主和资本家共同占有的企业利润即为1万5千法郎。假如收入完全被消费,那么工人和工厂主、资本家三者合计拥有4万5千法郎的消费量。

十年以后,在同一个工厂里,工人增加到200个,生产因而也扩大了1倍,年生产2万欧纳同样的布匹。但工人的工资被降低了,每个工人每年只挣200法郎,这样,工人的收入和消费将只增加到4万法郎。在生产技术不变的情况下,企业占用的资本增加到20万法郎,但利润率也降低至12%,则工厂主和资本家共同占有的企业利润为2万4千法郎。假设这些收入完全被消费,那么工人和工厂主、资本家三者合计拥有的收入即消费量为6万4千法郎。再假设该工厂还需要提留一部分年收入用于扩大再生产的投资,而这部分投资所需的价值等于2万6千法郎。这样,该工厂的工人、厂主、资本家三者的消费量加上该厂需要用于扩大生产的投资量(需要等值的布匹去与生产投资品的工厂交换)合计为9万法郎。假设生产该厂所需投资品的另一家工厂将把售后收入全部用来购买该厂生产的布匹以用于这家工厂的工人、厂主及资本家的消费,那么,社会成员对该厂所产布匹的消费量也即为9万法郎,比十年前同样提高了1倍。在这种情况下,就像凯恩斯主义者所说的那样,布匹生产供求之间的平衡就将得以维持,经济危机不会发生。

然而,假如该工厂本年度不准备进行扩大再生产,因而无需增加投资的话,或者准备进行再生产但增加的投资额度小于2万6千法郎的话,那么就会出现西斯蒙第所说的那种情况:生产增加了1倍,消费则只增加了0.7倍;有三成新产品的价值得不到实现。在这种情况下,危机的发生就不可避免了。而危机发生的原因当然就是消费不足,而非其他因素。在这种情况下,如果能够改变政策,使该厂工人的工资水平和企业利润率与十年前一样保持不变(即工人的工资仍为每人每年300法郎,企业利润率仍然保持15%的水平),那么,消费不足的情况也就会被改变(200个工人的年总收入将达到6万法郎,工厂主和资本家的总收入将达到3万法郎,工人、工厂主和资本家的总收入将达到9万法郎。与十年前相比,正好也是增加了1倍,与生产增加的数量相等),消费需求就可以随着生产供给的增长而增长,生产和消费之间维持着动态的平衡,生产过剩的情形也就将不会出现。

由此可见,在由于技术进步或其他原因(如设备集中更新)引起的投资需求小于消费不足所造成的需求空缺这种情况下,消费不足(或有效购买力不足)也是可以引发以生产过剩为特征的经济危机的,而想方设法提升购买力或消费水平也就有可能成为缓解或消除经济危机的一种主要政策手段。因此,笼统地说"消费不足"不是引发周期性经济危机的原因,并不是一种恰当的做法。

看法,凯恩斯主义关于经济萧条主要源自于"有效需求"不足这一观点却是非常明确的,也是和西斯蒙第等"消费不足"论者相一致的。

相反,像奥地利学派和货币主义等一类的自由主义话语则多是以货币(或信用)数量这种所谓"名义因素"的波动来解释经济周期的存在,以"货币(或信用)数量"的扩张来解释经济繁荣的出现,以"货币(或信用)数量"的紧缩来解释经济萧条的发生。换句话说,奥地利学派和货币主义经济周期理论的最大贡献可能就是突出强调了货币或信用因素在经济繁荣和衰退过程当中所起的关键作用。为了证明这一点,他们都努力地以不同方式来说明"货币(或信用)数量"的波动与经济周期之间的逻辑联系。

罗斯巴德指出,商业周期的一个重要特征就是:在经济繁荣时期商品价格**普遍**上升(而非某些商品价格上升、某些商品价格不变或下降),在经济萧条时期商品价格则**普遍**下跌(而非某些商品价格下跌、某些商品价格不变或上升)。这意味着,商品价格的上升或下跌不是由于部分商品本身供求关系的变化所导致的,而是某种对所有商品价格具有普遍性影响的因素的变化所导致的。这种对所有商品价格具有普遍影响的因素或许会有很多,但我们首先可以想到的应该就是货币。因为在市场经济中,生产过程是由价格机制来引导的,各种商品的生产规模都是随其价格的升降运动而发生扩张或收缩,而影响商品价格的主要因素一是商品的供求关系,二是在市场领域中流通着的货币数量。如果市场中发生的是一些商品价格走高,另一些商品价格走低,我们可以认为这是由于不同商品的供求关系发生了变化、社会成员的需求从一些商品转向了另一些商品所致。但是,如果是所有商品的价格都同时升高或者降低,那么就只能是由于市场中流通的货币数量发生了变化所致。"只有货币的需求,和/或者货币的供给,这些因素的变化,才会引起物价(的普遍)变化。"①

可是,货币数量的变化为什么会引起经济周期的出现?对于这个问题,自由主义们当中有着不同的说法。在奥地利学派看来,货币数量的波动之所以会引起经济繁荣和经济萧条现象的交替出现,主

---

① 罗斯巴德:《美国大萧条》,第47页。

要是因为经济繁荣和经济萧条在很大程度上是由投资规模的扩张和缩减所引发,而投资规模的涨缩在很大程度上又主要是由信贷市场上贷款利率的变化所致。米塞斯认为,"货币[对经济]的推动力正是通过影响利率的根本作用来得以体现的。""货币[广义的]供应的增加或减少,会使信贷市场上的资金的供应增加或减少,从而引起贷款利率下降或上升,尽管初始利率可能没有变化。"①"企业家们是根据价格、工资水平、市场利息率的变化来进行他们的投资安排"的。在市场对货币的需求相对不变的情况下,货币供应的增加就会导致市场信贷利率的下降。而当货币供应增加到一定程度,导致市场信贷利率低于"生产需要的资本货物所要求的初始利率"的水平时,企业家们就会认为以这样低的利率水平贷款投资一定是有利可图的,从而大量进行投资,促使经济逐渐进入繁荣状态。相反,当货币供应相对市场对货币的需求而言出现了不足时,信贷利率就会上升到一个维持较高规模的生产过程所需要的利率水平,企业家们就会认为以这样高的利率贷款投资一定会无利可图甚至亏损的,从而纷纷终止投资乃至终止现有的生产,导致经济进入萧条状态。这就是货币数量变化与经济周期之间的逻辑关联。

弗里德曼对上述问题的回答则有所不同。按照弗里德曼的看法,货币数量的波动对经济周期的引发作用,不仅可以通过货币数量的增减导致信贷利率的升降进而导致投资规模涨缩这一条路径,而且还可以通过另一条路径,即通过影响个人货币需求的变化进而影响物价的波动再影响投资规模的变化这一途径。弗里德曼认为,个人对货币的需求受到诸多因素的影响,其中包括个人持有货币的机会成本。当货币供应过度导致货币存量超过经济运行实际需要的数量因而造成货币贬值时,在货币名义报酬率(利息率等)不变甚至降低的情况下,人们就会争相减持货币,增持实质性商品,导致实质性商品价格进一步上涨,刺激实质性商品生产的扩张;反之,当货币供应不足导致货币存量低于经济运行实际需要的数量因而造成货币升值时,人们就会争相增持货币,减持实质性商品,从而导致实质性商

---

① 米塞斯:《人类行为的经济学分析》,第449页。

品价格下跌,导致实质性商品生产的萎缩。

可见,干预主义者和自由主义者都对自己所提用来解释经济危机的主要因素与经济危机之间的逻辑关联进行了说明。那么,我们到底该怎样来评价他们所做的这些说明呢?影响经济周期的主要因素到底是有效需求一类的实际因素还是货币一类的名义因素呢?

事实上,围绕着这个问题,西方经济学家们曾经展开了长期的争论,迄今为止仍没有定论。

例如,米塞斯在《人类行为的经济学分析》一书中就对以"有效需求"一类实际因素来解释经济周期的看法明确进行了批评。他坚信所有"用非货币性理论来解释经济的周期性波动"的做法都"是徒劳无益的"。① 他认为"对商业周期的非货币性解释的理论来说,给萧条反复出现这一事实找个说法是头等大事。这种理论的支持者们一开始并没有在他们对一系列经济事件的分析中找到任何线索能够对这个谜一般的经济混乱作出令人满意的解答。他们只能拼尽全力东拼西凑地给自己所谓的周期性理论做些修修补补的工作。"事实上,"对于经济周期的所有非货币性解释都得承认货币或者信贷媒介在数量上的增加是经济繁荣不可或缺的必要条件。很显然价格普遍上涨的趋势(这种上涨的趋势不是由于商品产量下降或是由于可供甩卖的商品供给缩小而导致的)在货币供给(广义而言)没有增加的情况下是不会发生的。现在我们也看到那些曾经反对货币性解释的人们也被迫去求助于他们出于别的目的而大肆攻击过的理论了。因为这个理论本身就可以回答这样一个问题,即新增的货币和信贷媒介是如何影响信贷市场和市场利率的。只有那些认为利率纯粹只是为了从制度上解决货币短缺的人才无须承认经济周期的流通信贷理论。这也说明了为什么从来没有什么批评家能够对这个理论提出什么站得住脚的反对意见。"②在《美国大萧条》一书中,罗斯巴德也对用非货币性因素来解释经济周期的各种理论进行了尖锐的批评。③

---

① 米塞斯:《人类行为的经济学分析》,第 476 页。
② 米塞斯:《人类行为的经济学分析》,第 476—477 页。
③ 参见罗斯巴德:《美国大萧条》,第二、三章。

针对经济周期主要是由货币或信贷的涨缩引起这种看法,凯恩斯曾在《通论》一书中提出反对意见说,影响经济周期的因素主要是投资需求的变化,影响投资需求变化的因素主要是投资者的投资倾向,影响投资者投资倾向的因素主要是投资者对资本边际效率的预期。当预期资本边际效率处于一种极度低迷的水平时,有可能无论如何增加货币、降低利率都无法使预期资本边际效率达到为使经济复苏所需要的地步。这在当代社会尤其如此。凯恩斯说:"由于种种原因,今天的资本边际效率比19世纪时的资本边际效率低得多,将来亦可能如此。"因此单纯靠增加货币供应的办法很难将市场利率降低到为使生产和就业恢复到合理水平所需要的那种程度。"如果欲使就业水平还说得过去,利息率必须比19世纪平均利息率还要降低许多,那么,这种利息率是否仅仅通过控制货币数量就可以达到,是值得怀疑的。"①反过来,当与其资本边际效率处于一个极为高亢的水平时,即使货币供应量不足可能也难以阻挡生产和就业的扩张。

汉森也曾经从一种稍微修正过的凯恩斯主义立场出发对奥地利学派等将银行货币或信用的收缩看作是导致经济繁荣时期终结之主要因素这一观点进行了批评。汉森写道:

> 如果存在扩张的愿望,那么仅仅是货币供给的限制并不能构成严重的障碍。可以找到各种方法和手段来调节货币供给,以满足持久繁荣不断向上的要求。
>
> 关于这一点,有一些历史事例[可以证明]。当皮尔银行法案以其[对]银行券发行的刚性限制而[被]通过时,[人们]就引入了存款货币来代替银行券。货币和银行机构已经有了调节自身的方法,以满足动态社会更深的实际需要。②

---

① 凯恩斯:《就业、利息和货币通论》,第237页。
② 汉森:《货币理论与财政政策》,第165页。

汉森坚持认为,经济周期是由生产过程本身具有的扩张动力和自我限制因素所造成的,而不是由货币一类因素的波动造成的。汉森举例说:"战后1919—1920年的通货膨胀也许是是对货币理论最有力的支持,这一时期的通货膨胀经常被认为是由于货币手段而阻止的。但是,即使如此,货币理论的解释也远远不是结论性的。根据扩张过程本身内部固有的自我限制因素来解释似乎更有道理。"①汉森对此做了进一步的具体解释。他说:

> (20世纪20年代美国的经济)繁荣是由大量的自发投资和引致投资带来的。投资量超过了在稳定的价格水平下可以形成的储蓄。
>
> 1920年私人总投资是85亿美元,或者说占国民总产值的22.7%。……引起我们看到的1919—1920年通货膨胀压力的正是过量的投资支出。但是,这种大量的投资并不能持续很长的时间。其原因是,自发投资和引致投资就其性质而言都是不确定和短期性的。
>
> 1920年的存货情况可以很好地说明引致投资的不确定性。净存货积累以49亿美元,或者说以占国民总产值5.6%的速度进行。只有产量增长率持续提高,这种存货净增加的速度才能维持。一旦接近了充分就业,这个过程就不可能继续下去了。因此,我们看到了净存货积累由1920年的49亿美元下降到1921年的1亿美元。设备(除厂房外的各种机器和资本设备)投资充分说明了自发投资的作用,尽管1920年的部分投资量无疑是引致,1919年和1920年这两年中生产者的耐用设备总投资都是67亿美元。这样高的设备投资率是战争期间技术进步积累的结果。但是,这种情况并不能持续下去,因为在这种新设备安装速度下,由技术进步所开辟的投资机会很快耗尽了。因此,生产者的设备投资在1921年降到了30亿美元。从1920年到

---

① 汉森:《货币理论与财政政策》,第167—168页。

1921年，存货和生产设备投资的共同下降是整个私人总资本形成总下降93亿美元中的78亿美元。因此，在存货和生产设备的情况中可以找到结束1929—1920年膨胀性繁荣的关键。

此外，从1920年到1921年，投资的下降还导致消费支出下降了70亿美元。由于政府用于商品和劳务的支出仍然大体上保持不变，因此，国民生产总值的全部下降（180亿美元）可以认为是由于私人投资和私人消费的下降。（据此可以认为，）根据扩张过程内部固有的自我限制因素而进行的这种分析比根据货币限制而进行的解释更为根本。

汉森接着说：

同样，对1929年扩张中止的货币解释也是不确定的、不充分的。在这里，自发投资和引致投资的下降再一次给人们留下了深刻印象。私人总投资从1929年的158亿美元下降到了1932年的9亿美元。存货积累下降了41亿美元，生产设备下降了46亿美元，建筑业下降了51亿美元，国外净投资下降了6亿美元。投资的下降显然既有自发投资又有引致投资。但是，作为1929年崩溃特征的也许特别是自发投资的下降。与大量新产业、新产品和新工艺相关的创新投资的高涨，是1923—1929年繁荣的特征，这引起了从1923—1929年平均150亿美元的国内私人总投资。由持续的自发投资高涨所引起的乐观主义无疑引起了由过分高涨心理所产生的大量不适当的投资。但是，解释投资崩溃的自发投资的暂时耗尽是基本的，而且，这又导致了消费支出的大量削减。

繁荣终止的原因更多的是扩张过程的内在性质，而不是由于货币供给的限制。（所以，）应该在实际因素，而不是在货币因素中寻找一种令人满意的解释。①

上述情况也出现在对1929年—1939年美国大萧条之原因的争论中。例如,Lionel Robbins早在1934年就首次试图从奥地利学派的观点来描述和解释1929—1934年间经济大萧条的发生,说明政府干预的不良后果;②A.汉森则于1941年首次用实际资料来论证凯恩斯观点的正确性,说明政府干预在缓解和消除萧条过程中重要作用;③弗里德曼于1963年用大量数据资料论证了货币主义关于大萧条的观点,说明政府不当干预是导致美国经济持续陷入萧条的主要原因;④罗斯巴德于1960年代再次运用奥地利学派的观点来解释大萧条的发生;特明则于1976年同样以大量数据资料为依据反驳了货币主义者对大萧条的解释,试图重新论证凯恩斯主义解释的适当性,并由此引发了两派之间长期的争论;⑤Robert J. Gordon和James A. Wilcox于1978发表的文章则试图对凯恩斯主义和货币主义的解释进行综合;⑥20世纪80—90年代包括艾钦格林、伯南克等人在内的一批美国学者试图在国际比较研究的基础上来推进综合立场的解释;⑦

---

① 汉森:《货币理论与财政政策》,第168—170页。

② Lionel Robbins, *The Great Depression*, New York: Books For Libraries Press, 1934.

③ Alvin H. Hansen, *Fiscal Policy and Business Cycles*, New York: W. W. Norton & Company Inc., 1941.

④ 米尔顿·弗里德曼、安娜·J.施瓦茨:《美国货币史》,巴曙松、王劲松等译,北京大学出版社,2009年。

⑤ Peter Temin, *Did Monetary Forces Cause the Great Depression?* W. W. Norton & Company Inc, 1976.

⑥ Robert J. Gordon and James A. Wilcox, *Monetarist Interpretations of the Great Depression: An Evaluation and Critique*, National Bureau of Economic Reasearch, 1978.

⑦ Barry Eichengreen, "Central Bank Cooperation under the Interwar Gold Standard", *Explorations in Economic History* 21(1984); Barry Eichengreen, *Golden Fetters: the Gold Standard and the Great Depression, 1929—1939*, Oxford University Press, 1992; Barry Eichengreen and Jeffres Sachs "Exchange Rates and Economic Recovery in the 1930s", *Journal of Economic History* 45(1985); Ben Bernanke and Haeold James "The Gold Standard, Deflation, and Financial Crisis in the Great Depression: An International Comparison." In R. G. Hubbard, ed., *Financial Markets and Financial Crises*, University of Chicago Press, 1991; Peter Temin *Lesson from the Great Depression*, MIT Press, 1989.

罗默于 20 世纪 90 年代试图在吸收货币主义部分成果的基础上坚持凯恩斯主义对大萧条的解释;[①]R. Murphy 于 2009 年再次运用奥地利学派的观点来解释大萧条的发生,并对罗默的看法进行批评;[②]等等。直到目前为止,各派之间的争论仍无任何确定的结果。

最后,我们再来看看,上述各种因素是否是自由放任主义政策及其经济社会体制的必然结果。

应该说,这是一个比前两个问题更为根本的问题。毫无疑问,即使我们能够有效地证明有据可查的某种因素与周期性经济危机之间存在着逻辑上的必然联系,但是如果我们无法辨明这一因素是否是自由放任主义政策及其经济社会体制的必然结果,那我们还是无法对自由主义和干预主义两者的是非对错做出适当判断。

可以预料,在干预主义者们看来,"需求不足"现象完全是自由放任主义政策的必然结果。无论是"消费不足"论者还是"投资不足"论者对此都从理论上做了详尽的说明。

斯密、萨伊、李嘉图和穆勒等早期自由主义者们认为,在自由放任的市场经济体制下,供给能够自动地产生对自己的需求,[③]因此需求不足现象是不可能出现的,影响生产规模的主要因素只是生产要

[①] Christina Romer, "The Prewar Business Cycle Reconsidered: New Estimates of Gross National Product, 1869—1908", *Journal of Political Economy* 97(1989); "The Great Crash and the Onset of the Great Depression", *Quarterly Journal of Economics* 105 (1990); "What Ended the Great Depression", *Journal of Economic History* 52(1992); "The Nation in Depression", *Journal of Economic Perspectives* 7(1993).

[②] Robert P. Murphy, *The Great Depression and The New Deal*, Regnery Publishing, Inc., 2009.

[③] 虽然这一观点通常被认为是由萨伊首先明确地加以表述并因而被称为"萨伊定理",但按照凯恩斯的看法,约翰·穆勒在其《政治经济学原理》一书中对这一观点做了可能比萨伊等人更为清楚的表述。穆勒如此表述这一观点:"凡是用来购买商品的,只是商品。每个人所用来购买他人产品的,只是他自己所有的产品。就字面意义来讲,所有的卖者必然是买者。假设一个国家的生产力突然增加了一倍,那么每个市场的商品供应量也就增加了一倍,人们的购买力也会同时增加一倍。这就是说每个人的供应量和需求量都比从前增加了一倍。每个人的购买量也会增加一倍,这是因为每个人可用以交换的东西也增加了一倍。"转引自凯恩斯:《就业、利息和货币通论》,第 15 页。

素的丰裕程度和劳动生产率等。只要有足够多的生产要素,只要劳动生产率能够不断地提高,那么,生产就可以无止境地增长。而且,这种增长只会提升人类的福利,而不会带来任何不利后果。正如萨伊所说的那样:"产品的增加除了增加人类的享受和国家的人口以外,不会有其他结果。"① 毫无疑问,对萨伊定理进行反驳是所有干预主义者的主要任务。

在"消费不足"论者看来,自由放任的市场经济完全不可能自动维持供求之间的平衡,"消费不足"现象完全是自由放任主义政策的结果。西斯蒙第认为,在自由放任主义条件下,由于生产过程是由每个企业家自己来控制的,各个企业主不可能准确地知道整个社会到底有哪些(有支付能力的)需要以及各种需要的波动情况。他所关注和唯一能做的就是维持和扩大自己的生产,增加自己的利润收益。扩大生产就意味着要增加自己产品在市场中的份额,而增加市场份额的主要办法就是降低生产成本,降低成本的主要办法之一又是降低工人的工资水平。② 但一个工厂主如果成功了,其他的工厂主就也会起而效仿,其结果,一方面是生产能力及其规模的不断扩大,另一方面则是所用劳动成本或者说工人的工资收入在整个国民收入当中所占比重的不断缩小,最终造成整个社会的生产总量超过收入(消费)总量,导致生产过剩。可见,"消费不足"现象完全是自由放任的市场经济条件下企业家为扩大市场竞相压低劳动者工资水平的结果。

"投资不足"论者虽然否认经济危机是直接由"消费不足"现象引起的,认为导致周期性经济危机的直接因素不是"消费不足"而是"投资不足",但他们也明确认为自由放任的市场经济完全不可能自动维持供求之间的平衡,认为"投资不足"现象本身是自由放任主义政策下必然会出现的结果。凯恩斯在这方面的论述代表了这种思路最初的一种表述。凯恩斯认为,"投资不足"之所以会成为一种经常出现的现象,主要是因为在自由放任制度下,投资者对资本边际效率的预期(以及对投资的信心)经常会发生大幅度的波动,以至于社会总投

---

① 转引自西斯蒙第:《政治经济学新原理》,第479页。
② "竞争的结果首先就是降低工资。"西斯蒙第:《政治经济学新原理》,第241页。

资量达不到社会所需求的规模,结果导致投资不足。凯恩斯指出,"资本边际效率不仅取决于现有的资本品数量的多少和生产它现在所需要的成本,而且也取决于对资本品将来收益的预期。……不过正如我们所看到的,这种对将来的预期是完全靠不住的,这是因为以变动的和不可靠的证据作为依据,容易发生急剧而猛烈的变化。"① "正是这种波动解释了商业周期",凯恩斯说②。

奥地利学派学者普遍否定在自由放任的市场经济体制下会出现"消费不足"的可能性。罗斯巴德曾经归纳"消费不足论"的基本观点:"它断言在繁荣时期发生一些事情——一些论点认为这是产生了太多的投资和太多的生产,另一些论点认为收入中的大部分流向了高收入阶层——这就导致了消费需求不足以至他们不能购买生产出的产品。于是,危机和萧条接踵而来。"③罗斯巴德认为,这种理论存在着许多错误:

"首先",罗斯巴德说,"只要有人存在,一定的消费水平就能持续下去。即便突然间人们消费减少而囤积增加,他们也必须以最小的额度消费。"因此,只要有人存在,一定水平的消费需求就将持续存在。当然,按照繁荣时期的物价水平,此时(有支付能力)的消费需求的确是缩小了,但在没有外部干预、纯粹由市场自行调节的条件下,物价会自行下降至与现有购买力相适应的水平。"没有理由可以说明,在一个自由市场中,各种生产要素价格和消费品价格不能自行适应人们的需求水平。"随着物价下跌,同等货币存量所具有的实际购买力即有实际支付能力的需求就会增加,以至最终完全可以将全部生产出来的消费品都吸收掉。这样,生产过程就始终可以持续进行而不会发生停顿或萧条。但是,有人会说,这样一来,绝大多数企业家不就要亏本了吗?因为他们之前进行生产时采购的各种生产要素(机器、原材料、劳动力等)的价格要远远高于现在。对此,罗斯巴德回答说,许多企业家的确会因此而亏本。但问题是:为什么之前发生

---

① 凯恩斯:《就业、利息和货币通论》,第242页。
② 凯恩斯:《就业、利息和货币通论》,第111—112页。
③ 罗斯巴德:《美国大萧条》,第108页。

的生产成本会那么高,以至于以当前的价格出售产品不能获利?罗斯巴德认为,"消费不足论"不能很好地回答这个问题,而奥地利学派的学说则可以很好地做到这一点。

"消费不足论"的一个重要分支认为,消费之所以会出现不足是因为在市场经济条件下的繁荣时期会出现相对收入向利润和高收入阶层转移的现象,而富裕阶层的消费倾向往往被认为要低于贫困阶层,结果导致社会整体消费倾向的下降。罗斯巴德对这种观点也表示了异议。他提出以下几点反驳意见:(1)富人的消费倾向是否要比穷人更低,经验研究对此不仅没有提供支持,反而还提出了质疑;(2)经验资料也表明,在繁荣时期并不存在着相对收入由穷人向富人转移的现象。此外,即使我们接受这两条假设,那么我们也不要忘了:(1)富人也要消费。而如上所述,只要有一定的消费存在,经济危机就不一定会发生。(2)即使相对收入向富人集中,而富人的消费倾向又相对偏低,但由此形成的储蓄将等于对生产资料的投资。这些投资如同消费一样,不仅对于生产结构以及较高生活水准的维持同样是必要的,而且所构成的投资需求也会促进生产的维持。

"消费不足论"者(如西斯蒙第等人)认为降价销售将会使需求进一步缩小,生产条件进一步恶化。罗斯巴德否认这种看法。他认为:"价格下跌并不会带来不景气;相反,由投资和生产能力的增加而引起的物价下跌可以反映出单位生产成本的下降,所以收益性根本没有受到任何伤害。价格下跌只会将较高的生产能力带来的成果分配到所有人的手中。"所以,"经济发展的自然过程就是通过资本的增加和生产能力的提高使物价下跌。货币工资率也将趋于下降,……但是货币工资下跌幅度比之消费品价格的下跌幅度要小,这样在整个经济领域中经济发展将带来较高的实际工资率和较高的实际收入。"①

罗斯巴德还指出,"如果消费不足理论可以有效地解释任何危机,那么萧条应发生在消费品行业中,该行业的剩余商品将积压,同时至少相对的繁荣将发生在生产资料商品行业。但是,通常我们看

---

① 罗斯巴德:《美国大萧条》,第110页。

到的是,在萧条时期是生产资料商品行业,而不是消费品行业遭受更大的损害。消费不足理论不能解释这一现象,而米塞斯理论可以精确地解释它。每次危机的特点都是不当投资和储蓄不足,而不是消费不足。"①

同样,自由主义者也普遍否定在自由放任的市场经济体制下会出现"投资不足"的可能性。凯恩斯认为,"投资不足"现象之所以会出现主要是因为在特定条件下投资者的投资冲动会下降到市场信贷利率无论如何下调都无法加以改变的地步。而在米塞斯等人看来,在自由市场经济条件下,只要存在着一定量的储蓄,当投资者的投资冲动下降了时,市场信贷利率就会持续下调;同时,由于投资规模下降,投资品价格和工资水平应该也会持续下调;市场利率、投资品价格和工资水平的下调都将改变投资者对资本边际效率的预期,最终改变投资者的信心,促使投资者恢复投资。认为市场信贷利率会长期维持在大体不变的水平上,或市场信贷利率无论如何下调都无法改变投资者对资本边际效率的预期,在米塞斯或者弗里德曼等人看来,是没有根据的。

与干预主义者相反,自由主义者普遍坚持认为周期性的经济危机现象不是由自由放任的市场经济体制本身所致,而是由市场经济体制之外的一些因素所致。奥地利学派和货币主义者都认为,货币或信用的扩张和紧缩运动主要是由银行(主要是像美联储一类有能力调控货币和信用规模的中央银行)的决策所致,而中央银行的决策在很大程度上主要体现的是政府的意志,代表的是市场体制以外的一种干预因素或干预力量。因此,归根结底,导致周期性经济危机的主要因素不是来自于市场机制本身,而是市场体制以外的力量。米塞斯明确地说,"周期性的经济波动并不是自由的不受干扰的市场本身的产物。当政府试图干涉市场以期把利率降低到在自由市场中本来将由市场决定的利率以下的时候,周期性的经济波动就出现了。"②"通货膨胀和信贷扩张受到大众的青睐,这正是政府不断通过信贷扩

---

① 罗斯巴德:《美国大萧条》,第110页。
② 米塞斯:《人类行为的经济学分析》,第462—463页。

张来维持表面繁荣的最终原因,从而也导致商业呈周期性波动。"①弗里德曼也明确地说:"经济大萧条象大多数其他严重失业时期一样,是由于政府管理不当而造成,而不是由于私有制经济的任何固有的不稳定性。政府建立的一个机构——联邦储备系统——受命掌管货币政策的职责。在 1930 和 1931 年,它行使它的职责如此不当,以致把否则会是一次缓和的经济收缩转变为一场大的灾难。"②"当时只有少数人知道,而我们现在都知道,大萧条并非是私人企业的失败所导致的,而是因为政府并未成功地履行它被赋予的责任。这个责任用《合众国宪法》第一条第八款的话来说,便是'铸造货币,调节其价值,并厘定外币价值。'"③罗斯巴德也明确认为:"如果我们假设,商业周期起源于——'内在于'——自由市场,那么这样的想法从表面上来说是对的。但是,这样的假设是错误的,它并不是基于事实,而仅仅是因为信仰。"④

由上可见,干预主义者和自由主义者们都努力对自己宣称为经济周期之诱因的那种因素与自由主义之间的关系进行了理论上的说明。对于这些观点完全不同的理论说明,迄今为止,包括西方经济学家们在内的人们也无法明断其是非。

不仅如此,对于隶属于这两种不同话语之下的论者来说,还有一个问题是他们必须加以解决的,这就是:迄于 1929 年大萧条时止的各次经济危机发生之前实际存在的经济政策到底主要是自由放任主义性质的还是干预主义性质的。如果主要是自由放任主义性质的,那么干预主义者对危机发生原因的说明就将进一步得到支持,而自由主义者对危机原因的说明就将受到挑战。相反,如果主要是干预主义性质的,那么自由主义者对危机发生原因的说明就将进一步得到支持,而干预主义者对危机原因的说明就将受到挑战。因此,可以推测,干预主义者将努力去证明迄于 1929 年时止的历次经济危机发生之前存在的经济政策基本上都应该属于自由放任主义范畴,而自由

---

① 米塞斯:《人类行为的经济学分析》,第 471 页。
② 弗里德曼:《资本主义与自由》,第 38 页。
③ 米尔顿·弗里德曼、罗丝·弗里德曼:《自由选择》,第 68 页。
④ 罗斯巴德:《美国大萧条》,第 31 页。

职能。这些变化都是缓慢的,间或的,也常常是以实际处理特定紧急情况的方式出现的,而不是以观念的巨大改变造成一致的、协调的革命方式出现的。"①

但这并没有从根本上解决上述问题。上述问题在一种稍微弱化一些的程度上依然存在,即:"罗斯福新政"之前的那些被认为不明确、不自觉、不系统、不太有力的政府干预措施到底属不属于干预主义的政策范畴。对于自由放任主义者们来说,回答将会是:尽管其中有一部分干预措施应该被归于自由主义者主张的那种为保障自由主义经济社会体系正常存在和运转所必须由政府来实施的政府职能,因而可以算做是自由主义者认可的"有限政府干预"范畴之内,但其中有相当部分措施则应该是超出了这种"有限政府干预"的范围,属于干预主义者主张的政府干预措施,而且正是这些超出了"有限政府干预"范畴之外的、带有干预主义性质的干预措施导致了经济周期的出现。而对于干预主义者们来说,回答则应该是相反的:对于干预主义者们来说,重商主义衰退之后、"罗斯福新政"之前存在的那些政府干预措施,由于它们的不明确性、不自觉性、不系统性和软弱性,以及由于这些干预政策的制定者和实施者在制定、实施这些政策时很大程度上仍受到自由主义理念的约束和限制,总体而言仍应该被归入自由主义的范畴;也正因为如此,才使得这些干预措施在效果上大打折扣,使得整个社会的经济运作基本上处于自由放任的状态,使得经济危机周期性地得以发生。对于这两种不同的回答,我们将如何来判断它们之间的是非对错呢?至少在目前,我的看法仍然是:我们没有一种确切的办法来明断它们之间的是非对错。

综上所述,无论是干预主义者还是自由主义者,都对自己有关周期性经济危机诱发原因的学说进行了系统的解释和论证。但通过上面的描述和分析我们发现,对于干预主义者和自由主义者上述观点的真假对错,我们其实完全无法做出终极性的判断:

第一,如前所述,无论是干预主义还是自由主义有关周期性经济危机诱因的学说,都有一定的经验事实做支持,对于经济危机中出现

---

① 彼得·马赛厄斯和悉尼·波拉德主编:《剑桥欧洲经济史》(第八卷),第576页。

的相关现象都有一定程度的解释力。

第二,在围绕"影响经济周期的主要因素到底是有效需求一类的实际因素还是货币一类的名义因素"这一问题所展开的争论中,争论的焦点其实可以进一步缩小为这样一个问题,即:货币或信贷的涨缩是否可能使市场利率降低到为使生产和就业恢复到合理水平所需要的程度,或上升到为阻挡生产和就业的扩张所需要的程度。对于这一问题,我们是否能够找到一个确定的答案?如果能够,我们就可以解决"实际因素派"和"名义因素派"之间的争议;如果不能,那我们就永远无法解决这两派之间的争议。深入思考一下这个问题,我们就可以意识到,这个问题完全不可能有确定的答案。我们既不可能找到充足的理由来宣称,当经济处于极度低迷状态时,货币或信贷的扩张绝对能够或不能够达到使市场利率降低到为使生产和就业恢复到合理水平所需要的程度;也找不到充足的理由来证明:当经济处于极度亢奋状态时,货币或信贷的收缩绝对能够或不能够达到使市场利率上升到为阻挡生产和就业的扩张所需要的程度。现实生活中出现的情况只能是下述多种可能出现的情形之一:当经济处于极度低迷状态时,货币或信贷的扩张或者(1)能够达到使市场利率降低到为使生产和就业恢复到合理水平所需要的程度,或者(2)不能够达到使市场利率降低到为使生产和就业恢复到合理水平所需要的程度;当经济处于极度亢奋状态时,货币或信贷的收缩也或者(1)能够达到使市场利率上升到为阻挡生产和就业的扩张所需要的程度,或者(2)不能够达到使市场利率上升到为阻挡生产和就业的扩张所需要的程度。当实际出现的情形为(1)时,米塞斯等自由主义者的说法就是正确的,凯恩斯等干预主义者的说法则是错误的;相反,凯恩斯等干预主义者的说法就是正确的,米塞斯等自由主义者的说法就是错误的。

第三,至于各种诱因与自由放任体制之间的关系,我们也无法判断干预主义和自由主义两种不同说法到底孰是孰非。而且,更为关键的一点是,我们完全无法对以下问题做出一个明确无误的回答,即:迄于1929年大萧条时止的各次经济危机发生之前实际存在的经济政策到底主要是自由放任主义性质的还是干预主义性质的。而只要我们无法对这一问题做出明确的回答,那么,我们就无法对干预主义者和自由主义者就各自宣称的经济周期诱因与自由放任体制之间关系所提出的不同观点做出明确的是非判断。

由上可见，无论是"投资不足论"、"消费不足论"、奥地利学派，还是货币主义，都可能是对周期性经济危机的一种正确描述和解释，只要在特定时期发生的经济危机确实是由他们各自描述的那一主要因素（"投资不足"、"消费不足"、信用或货币不足等）所引起，以及只要我们愿意按照他们各自的理解将历次经济危机发生之前的经济政策称之为"自由主义"，或者"干预主义"。笼统地肯定其中的一种理论立场而排斥另外一种理论立场的做法当是不可取的。

第八章　干预主义对自由放任主义：孰是孰非？（Ⅰ）

第九章　干预主义对自由放任主义：孰是孰非？（Ⅱ）

现在，我们再来看看上述各种理论当中，哪种理论系统对周期性经济危机应对策略或方案的阐释和论证相对而言更为合理或者可取。

从理论上说，自由主义者和干预主义者在周期性经济危机应对策略方面所发生的争论可以简单地表述为以下这样一个问题，即"应该通过市场经济体制的自我调节还是应该通过政府等外部力量的干预来缓解或消除已经发生的经济萧条？"而在这一问题上，自由主义者和干预主义者之间理论争论的焦点又主要是集中在"市场自我调节的有效性"这一主题上。简而言之，自由主义者充分肯定市场自我调节的有效性（因此当经济危机发生时完全不必有政府等外部力量的介入，单纯依靠市场本身的力量就可以有效缓解和消除经济危机），而干预主义者则根本否定市场自我调节的有效性（因此当经济危机发生时必须借助政府等外部力量的介入而不能依靠市场本身的力量来缓解和消除经济危机）。

所有的自由主义者都认为，市场体制是人类用来进行分工合作、协调交换过程的最佳社会体制。在市场体制下，每个人为了满足自己的某种需要，就必须通过自身的劳动或生产过程向社会提供某种能够为其他人所需要的商品及劳务，并通过在市场上按照等价交换原则与他人自由进行交易的方式来取得自己所需要的东西。在一个同类行动主体之间存在着充分的竞争、对每一个行动主体来说都不存在任何外部人为强制的条件下,市场用来对各个行动主体的行为进行引导、激励和协调的主要机制就是价格机制。任何一种商品的价格都将依据供求状况由供求各方之间反复的讨价议价过程来确定:当某种商品供不应求时,需求者之间的相互竞争将使这种商品的价格逐渐上升,或者促使部分购买力相对较低的买家依次退出交易过程以减少这种商品的需求量,或者促使一些新的生产者依次加入交易过程以增加这种商品的供应量,直至供求状况处于均衡状态时为止;反之,当某种商品供大于求时,供应者之间的相互竞争则将使这种商品的价格逐渐下降,或者促使部分劳动生产率相对较低(生产成本相对较高)的卖家依次退出交易过程以减少这种商品的供应量,或者促使一些新的购买者加入交易过程以增加这种商品的需求量,直至供求状况处于均衡状态时为止。正如弗里德曼指出的那样,在市场体制下,价格机制发挥了传递供求信息、激励供求行为、分配资源和财富等多重功能。① 正是通过(也只需要通过)价格机制的这种作用,市场才(且也必然)有效地担当起了协调社会成员分工合作过程的功能。市场机制(主要是价格机制)就像是一只看不见的手,自发而有效地调节着社会成员之间的分工合作过程。只要市场体系的上述运作机制没有因外部力量的作用而受到破坏或阻挠,社会成员之间依市场体系组织起来的分工合作过程就能够正常的进行,反之则不然。当然,市场体系借助于价格机制等手段来对供求过程进行协调的过程,可能或者说必然会伴随着生产(包括就业)、流通、消费等经济、社会生活过程的一些波动,但一方面,这些波动是为协调经济社会过程正常运作所必不可少的一种现象,另一方面,只要没有来自市场外部的各种力量的干预,这些波动的幅度一般就不会很大,持续的时间一般也不会很长,经济社会生活并不会因这些波动而遭受较大的困扰或破坏。

自由主义者坚持认为,由于自由放任的市场经济本身具有良好

---

① 见米尔顿·弗里德曼和罗斯·弗里德曼:《自由选择》,商务印书馆,1982年,第18—28页。

的自我调节功能,当经济危机发生时,政府等外部力量的干预不仅是完全不必要的,而且还是有害的。政府等外部力量的干预,只会对市场经济本身内在的调节机制产生干扰和破坏作用,而不会起其他的积极作用。经济运作过程中本来正常的波动之所以会以较大的幅度、以危机的形式发生,正是政府等外部力量干预(或不当干预)的结果;而这些危机之所以又会周期性的发生,也正是政府等外部力量对经济运作过程反复进行干预的结果。政府等外部力量对经济运作过程进行干预的力度越大,所引发的经济危机的程度就可能越严重;反之,则可能越低。

与自由主义者相反,所有的干预主义者则都认为,市场体制并非像人们想象的那样完美。由于这样或那样一些原因的存在,市场体制的自我调节功能往往会出现部分甚至完全"失灵"状况,从而无力对已经陷于失衡状态的经济社会过程进行调整。因此,单纯依靠市场体制本身的自我调节功能来缓解或消除已经发生的经济危机是绝不可能的。只有借助于政府等市场体制外部力量的作用,已经陷于失衡状态的经济社会过程才能够迅速地恢复到均衡状态。

市场体制的自我调节功能为什么会出现"失灵"现象?或者说,引致市场机制失灵的主要原因是什么?对此,干预主义者们有着一些不太相同的说法。

作为一个"消费不足论"的信奉者,罗斯福曾经以举例说明的方式对这一问题进行过如下解释。罗斯福说:

> 以棉制品业为例。事实可能是,[为了消除经济危机]90%的棉制品生产商会同意取消最低工资,停止延长工时,停止雇用童工,同意防止生产过剩。但是,如果另外那10%的棉制品生产商支付最低工资,延长劳动时间,在工厂中雇用童工,并生产出我们无法承受的多余产品,那么……这不公平的10%会生产出廉价的产品,并足以迫使那90%的人去应对这种不公平的环境。

其结果则是使所有的企业都回到一种不正当竞争的状态,

> 这类竞争导致了延长工时、低工资和生产过剩现象的出现。
>
> 这就是联邦政府所要介入的地方。联邦政府应当拥有并终将获得这样的权力,在通过测算并为一个行业制定规划之后,在这一行业绝大多数企业的协助下去防止不公平的做法,并依据联邦政府的授权来实施这项规划。①

可以把罗斯福的上述论述概括为一句话,称之为"自由放任引致协调失效"命题。这个命题实际上表述了干预主义者认为自由放任的"市场"经济体系可能"失灵"的一种情境。

作为一个"投资不足"论者,凯恩斯对"市场失灵"问题所做的解释主要包含以下三个方面:

1. 投资需求的恢复依赖投资信心的恢复,而在以自由放任为特点、没有政府等外部力量介入的单纯市场经济体系下,投资者的信心往往难以得到迅速的恢复,从而使得陷入萧条状态的经济过程需要经过很长一段时间才能够得到复苏。而从长远来看,"我们可能都死了",凯恩斯戏谑地说。

我们可以把凯恩斯的这一说法概括为"投资信心过度丧失引致投资需求萎缩命题"。凯恩斯对这一命题的具体说明如下:

> 在萧条状态持续的过程中,……资本边际效率的崩溃**可能**②会达到某种程度,以致在可实行范围内,无论利息率如何降低,都不可能使经济马上复苏。
>
> 要想恢复资本边际效率并**不那么容易**,因为这种恢复实际上是由不受控制的、无法管理的市场心理所决定的。③
>
> 在经济下降的阶段,由于固定资产和原料储备都处于过剩状态,经营资本减少,所以资本边际效率会降低到很低

---

① 罗斯福:《罗斯福炉边谈话》,第12—13页。
② 本段几处着重号均为本书作者所加。
③ 凯恩斯:《就业、利息和货币通论》,第243—244页。

的水平,以致在**实际可能**的范围内,无论利息率如何下调,也无法达到保证令新投资者满意的程度。就当今这种处于购买者、投机者影响下的有组织的投资市场而论,资本边际效率的市场**估计可能**有非常大的波动,不会有相应的利息率的波动能够与之抵消。①

凯恩斯认为,正是由于这样一种原因,才需要有政府的干预政策出现。因为

> 在自由放任的经济体制下,若不彻底改变投资市场心理,便不能摆脱就业量(和总供给)的急剧的变动,但这种彻底的心理改变是不可能的。故我的结论是:决定短期投资的权利绝不能放在私人手里。②

要想使经济运行接近充分就业的均衡状态,

> 惟一的办法是由社会从总体上控制投资。③ 为了调节消费倾向和投资诱导使之相适应,政府机能必须扩大。(这)不仅是避免现行经济形态全部毁灭惟一可行的办法,而且也是个人积极性能得以充分发挥的必要条件。④

2. 市场经济的自我调节通常被认为是借助于工资和价格的灵活升降来进行的,而事实上,因为工资的和价格的变动具有一定的刚性(或黏性),工资和价格的灵活升降并非像人们想象的那样容易实现,这就使得市场的自我调节在一定程度上受到了阻滞。

凯恩斯指出,工资和价格的灵活升降并非像人们想象的那样容易实现。这首先是因为工会组织的存在以及工人乐意接受货币工资

---

① 凯恩斯:《就业、利息和货币通论》,第245—246页。
② 凯恩斯:《就业、利息和货币通论》,第245—246页。
③ 凯恩斯:《就业、利息和货币通论》,第290页。
④ 凯恩斯:《就业、利息和货币通论》,第292页。

上升或不变而不乐意接受货币工资下降的政策倾向,使得任何货币工资水平向下调整的做法都会受到强烈的反对和阻挠。凯恩斯认为,在劳动者当中存在着一种坚持抵制货币工资的下降而不抵制实质工资的下降的倾向:"现在日常的经验毋庸置疑地告诉我们:劳动者坚持要求的(在一定限度内)是货币工资而不是实质工资。这种情况绝不仅仅是一种可能性,而是一种通则。尽管劳动者经常抵制货币工资的下降,但也[却]不是每次工资物品价格上涨他们都要丢弃工作不干。有时人们会说,劳动者只抵制货币工资的下降而不抵制实质工资的下降似乎不符合逻辑,……但是,不论这种做法是否符合逻辑,经验表明劳动者实际上就是这样行事的。"①"除此之外,通常没有任何方法可以保证各行各业的货币工资同时降低,而且降低的幅度相同,因而所有劳动者为了自身的利益都会抵制本行业中货币工资的降低。事实上,劳动者对雇主设法压低货币工资的抵制,较之对因物价上升带来的实际工资逐渐的和自动的降低要强烈得多。"②由于劳动者的这种坚持抵制货币工资而非抵制实质工资下降的倾向,使得任何降低工资的企图往往都难以实施,从而也就导致了工资刚性,使得市场经济的自我调节机制不可避免地受到了限制。我们可以把凯恩斯阐释的这一思想概括为"工资刚性引致市场失灵"命题。

20世纪后期,有一些被称为"新凯恩斯主义者"的西方经济学家(如 N. G. Mankiw, D. Romer 等)对上述"工资刚性引致市场失灵"的命题进行了修正,将其改造成为"工资黏性引致市场失灵"命题。"工资刚性"和"工资黏性"之间的区别是:"刚性"意味着不变或难以变动,"黏性"则意味着可以变动但变动比较缓慢。"工资黏性引致市场失灵"命题说的是:当经济萧条来临之际,尽管劳动者可能会被迫愿意接受工资调整,企业家可能会被迫愿意进行价格调整,但由于种种原因,工资和价格的调整的下降并不能迅速到位以至达到足以使市场出清的程度;缓慢的工资和价格调整使经济回到实际产量等于正常产量的状态需要一个很长的过程,例如,几年的过程。在这一过程

---

① 凯恩斯:《就业、利息和货币通论》,第8页。
② 凯恩斯:《就业、利息和货币通论》,第202页。

主义者们则将努力去证明迄于1929年时止的历次经济危机发生之前存在的经济政策都已基本上属于干预主义范畴,或至少具有浓厚的干预主义色彩。

但问题在于,正如前面我们在分析1929年大萧条发生之前的美国经济政策到底是属于自由主义还是属于干预主义时就已经发现的那样,要完成这种"证明",无论是对于自由主义者们来说还是对于干预主义者们来说都不是一件简单的事情。在前面我们就已经指出过,几乎所有有关美国经济或历史的文献都认为政府对经济过程的干预是美国自立国以来就始终存在的一个现象。前面我们曾经引用过《新美国经济史》一书作者的话语来作为这种观点的一个例证,这里我们可以再引用一段话来做为佐证。伦敦经济政治学院教授莱文在《剑桥欧洲经济史》一书中论到1865年1939年间美国经济政策的一般特征时认为,"如果将放任政策描述为政府限制直接干涉经济事务的责任,那么任何根据'自由放任'政策描述的早期美国经济政策都是令人震惊的。历史记载表明美国政府,无论是地方政府还是联邦政府都严重地干涉了经济。""例如1777年新英格兰各州通过了一系列相似的'管理条例'来制定农场工人、机械师和商人的工资以及农产品、加工品和诸如饲养马匹和训练马匹等服务的价格。大陆会议建议所有13个州效仿这些模式,第二年有些州照此实施。""固定价格并非是政府对经济仅有的干预,或是处理战时紧急情况时背离经济的一种例外情况。美国政府对一些商品和服务的价格控制一直持续到19世纪。""1860年以前,对价格的法律管制只是州政府干预经济的很小一部分。工时受到管制,并且一些州禁止雇用童工。公司受有关许可和检查的法律的限制,并受公司法中特殊条款的制约。自治市的法令也以此为目标,但人们对其知之甚少。""州政府的干预也不仅限于管制,他们借助于补贴和鼓励进行同样或过多的干预。宾夕法尼亚州政府在各种公司投资了1亿美元,向150个混合公司指派董事。南方各州政府为南方铁路提供半数以上的投资基金。多个州政府,主要是纽约州政府、宾夕法尼亚州政府和俄亥俄州政府为开发运河提供了将近所需资金的3/4。并且,州政府将各种补贴,例如免除税收和垄断特权,授予那些提供公共服务的公司。""就联邦政府使产品成本相应降低,故可以刺激需求,进而增加产量和就业。倘若生产设备不变,产量增加会导致劳动力边际效率降低。当其影响刚好与劳动者同意接受的货币工资降低的影响互相抵消时,产量与就业的增长即告终止。"①凯恩斯批评说:"这种解释说到底,等于承认货币工资降低时需求不受影响。"而事实上,由于以下原因的存在,货币工资的降低可能会使总需求随之下降:

(1)货币工资降低会引起物价下降,使得实际收入从货币工资劳动者那里转移到地主和企业家阶层,乃至食利者阶层,这种转移可能会导致社会消费倾向的降低,从而减少消费需求。

(2)货币工资的降低可能导致工资还会进一步降低的预期,从而导致投资的延期。

(3)货币工资及物价的普遍降低可能导致公众预期今后工资和物价会上涨,对社会前景失去信心,从而引起流动性偏好增强,导致利息率上升,阻碍投资需求增长。

(4)工资和物价的大幅度降低,会使负债较多的企业濒临破产的境地,也会使国债及赋税的实际负担加重,从而影响投资需求。

毫无疑问,总需求的下降必然会破坏经济平衡,引发经济萧条。所以,工资和价格的下降即使可行,也不可取。

以上三个命题实际上表述的是凯恩斯认为自由放任的"市场"经济体系可能"失灵"的另外三种情境。

作为一个修正的凯恩斯主义者,在《财政政策与商业周期》一书中,汉森对为什么说只有借助于政府等外部力量的干预才能够消除已发生的经济危机这一问题提出了另一种解释。按照这种解释,曾经有过一段时间,市场经济体系具有能够自我调节的能力,但是到了十九世纪末二十世纪初,随着经济运行过程中许多结构性变迁的出现,市场经济体系的自我调节机制受到了破坏,其自我调节的能力受到了限制,从而使得政府等外部力量的干预成为必要。汉森说:"在十九世纪,来自政府或私人部门组织化干涉和控制的程度相对较低,一种自动化的价格机制能够有效运作。生产过程中的每一个别单位

---

① 凯恩斯:《就业、利息和货币通论》,第197页。

都只构成一个小小的原子,不但无法控制内在于价格机制的一般趋势,反过来还被这些趋势所控制。然而,与此同时,特别是自 1870 年代以来,与价格机制的自动调节功能相抵牾的各种制度性干预也逐渐地发展起来,尽管直到第一次世界大战之前这些干预手段只起了相对微小的作用。""在一个自由市场经济中,没有任何单个的实体可以强大到足以对价格机制施加有效的控制。而在一个规制化的经济中,政府、企业以及有组织的团体都能够将自己的影响施加于市场机制之上。许多人坚持认为正是价格体系的这种不完备性导致了 20 世纪 30 年代在取得充分就业方面的失败。另一些人将导致这种失败的原因归咎于企业的价格政策,还有人将其归咎于工会的实践,以及政府所施加的限制。""制度性安排方面发生的这些巨大变革无疑是有意义的。回到原子化的秩序是完全不可能的了。来自企业、工会以及政府的干预将持续存在。现代民主并不意味着个人主义。……我们并不能够在'计划还是无计划'之间进行选择,而只能够在是实行民主化的计划还是实行专制化的规制之间进行选择。"①

与上面类似,我们也可以把汉森表述的这一种解释概括为一个命题,称为"经济社会结构变化引致市场调节失效"命题。

以上 5 个命题,合起来构成了干预主义者在论证为什么只有借助于政府等外部力量的干预才能够缓解或消除经济危机的主要理论依据。干预主义者们认为,正是由于上述"市场失灵"现象的存在,才使得政府干预成为必要。没有政府等外部力量的有效干预,已经发生的危机就可能会由于得不到及时缓解而演变为长期性的萧条,正像美国 1929 年—1933 年时所发生的情况那样。

毫无疑问,干预主义和自由主义之间的是非对错与上述"市场失灵"诸命题的成立与否紧密相关。假如上述几个有关"市场失灵"的命题真的能够成立的话,干预主义关于只有借助于政府等外部力量的干预才能缓解或消除经济危机的看法应该就是正确的,自由主义关于自由放任的市场经济本身具有自我调节功能的看法就是错误的;反之则不然。

---

① Alvin H. Hansen, *Fiscal Policy and Business Cycles*, pp. 46—47.

那么,干预主义者提出的上述几个命题到底能否成立呢?我们可以简单地来考察一下。

1."自由放任引致协调失效"命题。初看之下,此一命题似乎显得非常有道理,但仔细思考一下,就可以发现,此一命题实际上只有在以下前提下才是有道理的,这个前提就是:我们有必要来统一确定工时长度、工资水平以及劳动者就业年龄等事项。如果不是这样,如果根本没有什么必要来统一确定工时长度、工资水平以及劳动者就业年龄等事项,那么"自由放任会引致协调失效,只有借助于政府的力量才能够实现这种协调"一类的说法就毫无意义。诚然,包括自由主义者在内的所有人都不会否认,在需要通过对市场体系内相关社会成员进行协调来确定统一的行为规范(如工时长度、工资水平、用工性别和年龄、退休时间、劳动保护、私有财产处置和保护、遗产继承等等)时,自由放任肯定是不可取的一种社会状态,政府的介入很可能是一种相对而言最有效的方式。自由主义者和干预主义者之间的争论并不是要不要有政府的干预,而是政府干预的范围应该如何来加以界定。弗里德曼明确指出过,"在思想上不自我矛盾的自由主义者并不是无政府主义者"。① 自由主义者认为政府的干预应该被限制在一个尽可能小的范围内,而干预主义者则认为政府的干预可以被扩展到一个相对较大的范围内。此即所谓"小政府"与"大政府"之争。但难点在于,如何来确定"小政府"与"大政府"的界限呢?像"人身自由"、"财产保护"一类的事项,大家可能都会同意最好通过政府的介入来制定规则、裁决纠纷。但对于工时长度、工资水平、劳动保护、退休时间、用工性别和年龄等事项是否也应该通过政府的介入来确定一个统一的规则呢?在这些议题上,大家的意见便可能很不一致。干预主义者认为应该,自由主义者则认为不应该。到底应该还是不应该,我们可能难以甚至无法形成一个最终的共识。因此,承认"自由放任会引致协调失效,只有借助于政府的力量才能够实现这种协调"这一点,并不能够帮助我们解决自由主义者和干预主义者之间就我们是否应该在"工时长度"、"工资水平"、"劳动保护"、"退休时

---

① 弗里德曼:《资本主义与自由》,第36页。

间"、"用工性别和年龄"等具体事项方面通过政府介入来确定一个统一的规则问题所发生的分歧。我们甚至可以大胆地预言,像孔德所倡导的那样,用实证科学的方法来解决人们在这些问题上所发生的分歧,基本是无望的。

2. **"投资信心过度丧失引致投资需求萎缩"命题**。在上述那些属于凯恩斯"干预主义合理性证明"最重要的段落中,我们看到,凯恩斯提出来作为干预主义之依据的大都是一些"可能性":如"资本边际效率的崩溃**可能**会达到某种程度","要想恢复资本边际效率并**不那么容易**","资本边际效率的市场**估计可能**有非常大的波动,不会有相应的利息率的波动能够与之抵消",等等(只是在最后一句话中才提出了一个比较确定的判断来作为依据:"在自由放任的经济体制下,若不彻底改变投资市场心理,便不能摆脱就业量〔和总供给〕的急剧的变动,但这种彻底的心理改变是**不可能**的")。这不能不使人对凯恩斯干预主义合理性证明过程的内在逻辑产生怀疑:从这样一些"可能性"出发,如何能够得出一种具有必然性的结论呢?按理,任何"可能性"都只是一种"可能性",而不是一种"必然性"。而且,当我们说某一现象的出现具有"可能性"时,同时也就包含了该现象不出现的"可能性"。譬如,当我们说"资本边际效率的崩溃**可能**会达到某种程度,以致在可实行范围内,无论利息率如何降低,都不可能使经济马上复苏"时,只是宣称了资本边际效率的崩溃"可能"会但非"必然"会达到"无论利息率如何降低,都不可能使经济马上复苏"的程度,并且,同时也隐含着资本边际效率的崩溃不一定达到上述程度这样一种可能性。从这样一些"可能性"出发,我们应该只能够得出一些同样只具有可能性的结论,譬如,由于"资本边际效率的崩溃**可能**会达到某种程度,以致在可实行范围内,无论利息率如何降低,都不可能使经济马上复苏",由于"资本边际效率的市场**估计可能**有非常大的波动,不会有相应的利息率的波动能够与之抵消,"等等,因此,我们有**可能(但并非必然)**需要动用政府的力量来从总体上控制投资。正如我们从一个人"吹了风受了凉有可能会生病"这一判断出发,只能够得出他或许将**可能**需要住院治疗(一旦他生病的可能性变成现实),而不能得出他必须住院治疗这种结论一样。像凯恩斯这样,从上述一些可能性出发直接得出"政府必须对投资进行控制"、"政府机能必须扩大"这样一种结论,其间的逻辑是可以被质疑的。

3. "工资和价格刚性(或黏性)引致市场失灵"命题。这里实际上涉及到两个非常类似但还是有所不同的命题,即"工资和价格刚性引致市场失灵"命题和"工资和价格黏性引致市场失灵"命题。我们先来看前一个命题。凯恩斯用来证明这一命题的主要论据是认为"劳动者具有乐意接受货币工资上升或不变而不乐意接受货币工资下降的政策倾向",而这一所谓的政策倾向并无实际依据,纯属推测。此外,即使我们承认劳动者具有这种倾向,但无论是理论分析还是经验观察都可以让我们意识到以下这一点的可信性:在经济萧条来临之际,维持货币工资水平不变必然意味着失业人口的增加,当面临着是维持工资不变,还是准备失业的两难选择时,劳动者会做何种抉择应该不难判断。所以,用"劳动者具有乐意接受货币工资上升或不变而不乐意接受货币工资下降的政策倾向"来证明工资和价格刚性是难以成立的。

再来看"工资和价格黏性引致市场失灵"命题。新凯恩斯主义者用来证明这一命题的主要论据是(1)菜单成本的存在;(2)交错调整价格和交错调整工资;(3)市场竞争的不完全性。仔细分析一下可以发现,这几个论据,尽管其本身所描述的现象可能存在,但其作为干预主义理论之依据的意义却还是值得怀疑。

第一,毫无疑问,价格的调整确实会需要耗费一定的"菜单成本"。然而,和庞大的商品交易数量及其收益(或损失)比较起来,价格调整所耗费的成本恐怕是微不足道的。试图以这样一些微不足道的菜单成本的存在来论证工资和价格的变动会具有"黏性"恐怕是太容易让人信服的。自由主义者也确实对此加以了嘲笑。①

第二,交错调整价格和交错调整工资现象的存在确实可能会导致价格和工资调整的黏性,但即使是新凯恩斯主义学者自己的分析也表明,假如市场是处于完全竞争状态之下,那么交错调整价格和交错调整工资现象就会大大减少,同步调整工资和价格的显现就会大

---

① 吴易风等:《市场经济和政府干预》,商务印书馆,1998年,"总论",第22页。

大增加。换句话说,交错调整价格和交错调整工资的现象本身就可能是市场竞争不完全的结果。既然如此,我们为什么不把提高市场竞争的充分程度而是把加强政府等外部力量的干预作为解决这一问题的对策呢?

第三,假如市场处于不完全竞争状态,垄断力量的存在确实具有破坏市场调节机制的作用,但和上面一样,从这一点出发为什么一定只能得出要加强政府调节功能的结论呢?为什么不能得出应该采取各种有效措施来削弱垄断力量从而维护市场调节机制的结论呢?

4. **"工资下降引致消费需求萎缩"命题**。不难发现,凯恩斯对这一命题的论证几乎也都是建立在一些未经证实的推断或"可能性"之上的。如:

(1)认为货币工资降低引起的物价下降会使得实际收入从货币工资劳动者那里转移到地主和企业家等高收入阶层,这种看法有点匪夷所思,与物价下降会提升低收入群体的实际收入以及降低企业家利润这些常识性看法相距过远。

(2)货币工资的降低可能导致工资将进一步降低的预期(从而导致投资的延期),但正如凯恩斯自己也承认的那样,货币工资的降低也完全可能提高投资的预期效率,从而增加投资。这两种可能性中的哪一种会成为现实,并无绝对的规律可寻。因此,我们并不能够只依据前一种可能性来制定对策。

(3)货币工资及物价的普遍降低可能会导致公众预期今后工资和物价继续上涨,从而引起流动性偏好增强,导致利息率上升,阻碍投资需求增长;但同样如凯恩斯自己意识到的那样,货币工资及物价的下降也可能会由于减少交易所需的现金数量而降低流动性偏好,从而降低利息率,提高预期投资效率,扩大投资需求。

(4)工资和物价的大幅度降低,确实可能会使负债较多的企业濒临破产的境地,也会使国债及赋税的实际负担加重,从而影响投资需求;但在自由主义者们看来,负债较多的企业或许本来就是经营不善或做了不当投资的企业,让这些企业破产本就是经济衰退的题中应有之义,通过通货膨胀的办法把它们保留下来本就是一项错误的政策。

5. **"经济社会结构变化引致市场调节失效"命题**。稍做思考我们就会发现,汉森对这一命题所做的论证很大程度上是在同义反复。汉森用来证明这一观点的主要论据是:"政府、企业以及有组织的团体都能够将自己的影响施加于市场机制之上"这样一种结构—制度性的变化既是"有意义的",也是一种不可抗拒的、无法改变的历史之必然。或如汉森自己所说:"我们并不能够在'计划还是无计划'之间进行选择,而只能够在是实行民主化的计划还是实行专制化的规制之间进行选择。"①实际上汉森提出来作为论据的这两点——(1)这样一种去市场化的结构—制度性变化是"有意义的";(2)这样一种去市场化的结构—制度性变化是"不可抗拒的"——本身乃是一个需要加以论证的观点。在自由主义者看来,这样一种去市场化的结构—制度性变化既是无意义的,也是完全可以抗拒的——因为它本身并非是一种历史的必然,而只是一种人为的、由人们在一种错误的理论话语引导下所完成的建构,因而也完全可以由人们在一种恰当的话语(譬如自由主义理论话语)的引导下加以纠正和改变。可见,"政府、企业以及有组织的团体都能够将自己的影响施加于市场机制之上"这样一种结构—制度性的变化是"有意义的"还是"无意义的",是"不可抗拒的"还是"可以抗拒的",本身仍是一个需要进一步加以讨论和论证的问题。如果这样一种去市场化的结构—制度性变化本身像汉森所断定的那样确实是不可抗拒的,那汉森的结论——在这种结构—制度性变化的新条件下市场调节已经无可能再有效——就是可以接受的;反之,如果,这样一种去市场化的结构—制度性变化本身是可以抗拒的,那汉森的结论应当被拒绝。所以,汉森实际上是将该问题的讨论中一个自身仍需要进一步证明的观点拿来作为了证据,这在逻辑上是不能成立的。

由此可见,干预主义者提出的上述几个有关"市场失灵"的命题并非总是成立,但也并非总是不成立。它们可能成立,也可能不成立。成立还是不成立,不是一个理论问题,而是一个经验问题。当存在以下条件时,它们就是成立的:

(1)当所有的人(或多数人)都认为在工时长度、工资水平、用工

---

① Alvin H. Hansen, *Fiscal Policy and Business Cycles*, pp.46—47.

年龄等方面应该有一个全社会都遵守的统一的行为规范时;或

(2)资本边际效率的崩溃确实达到了某种程度,以至在可实行范围内无论利息率如何降低都不能使经济马上复苏;或

(3)市场的不完全竞争状态确实无法削弱或改变,因而充分竞争机制确实无法有效形成;或

(4)工资下降引致的需求萎缩幅度大于产品价格下跌引致的需求扩大幅度;或

(5)"政府、企业以及有组织的团体都能够将自己的影响施加于市场机制之上"这样一种结构—制度性的变化确实是一种不可抗拒的、无法改变的历史之必然。

反之,当出现以下条件时,它们就是不成立的:

(1)当所有的人(或多数人)都反对在工时长度、工资水平、用工年龄等方面应该有一个全社会都遵守的统一的行为规范时;或

(2)资本边际效率的崩溃并没有达到这种程度,以至在可实行范围内无论利息率如何降低都不能使经济马上复苏;或

(3)市场的不完全竞争状态能够被削弱或改变,因而充分竞争机制可以有效形成;或

(4)工资下降引致的需求萎缩幅度小于产品价格下跌引致的需求扩大幅度;或

(5)"政府、企业以及有组织的团体都能够将自己的影响施加于市场机制之上"这样一种结构—制度性的变化并非是一种不可抗拒的、无法改变的历史之必然。

因此,用上述几个命题来否定市场调节的有效性并非毫无道理,但也并非总是灵汤妙药。从这个意义上说,自由主义和干预主义都有自己的道理。笼统地肯定其中一个而否定另外一个可能都是不适当的。

可见,对于干预主义和自由主义这两种理论系统就周期性经济危机应对策略所做的理论阐释谁更为可取这一问题,我们也无法做出绝对的、终极的判断。

那么,现实生活中的实际情况到底怎么样呢?政府等外部力量对经济过程的干预到底是有效还是无效?我们是否可以通过经验事实所提供的有关信息来对干预主义和自由主义之间的是非对错做一

判断？我们仍以美国的情况为例来分析一下这个问题。以下是美国自1854年至2009年间历次经济危机的有关数据。

表9-1 美国经济周期的扩张与收缩(1854—2009)①

经济周期		持续时间			
波峰	谷底	收缩期 P-T	扩张期 T-P	周期长度 T-T	P-P
	1854.12	—	—	—	—
1857.6	1858.12	18	30	48	—
1860.10	1861.6	8	22	30	40
1865.4	1867.12	32	46	78	54
1869.6	1870.12	18	18	36	50
1873.10	1879.3	65	34	99	52
1882.3	1885.5	38	36	74	101
1887.3	1888.4	13	22	35	60
1890.7	1891.5	10	27	37	40
1893.1	1894.6	17	20	37	30
1895.12	1897.6	18	18	36	35
1899.6	1900.12	18	24	42	42
1902.9	1894.8	23	21	44	39
1907.5	1908.6	13	33	46	56
1910.1	1912.1	24	19	43	32
1913.1	1914.12	23	12	35	36
1918.8	1919.3	7	44	51	67
1920.1	1921.7	18	10	28	17
1923.5	1924.7	14	22	36	40
1926.10	1927.11	13	27	40	41
1929.8	1933.3	43	21	64	34
1937.5	1938.6	13	50	63	93
1945.2	1945.10	8	80	88	93
1948.12	1949.10	11	37	48	45
1953.6	1954.5	10	45	55	56
1957.8	1958.4	8	39	47	49
1960.6	1961.2	10	24	34	32
1969.12	1970.11	11	106	117	116
1973.11	1975.3	16	36	52	47
1980.1	1980.7	6	58	64	74
1981.7	1982.11	16	12	28	18
1990.7	1991.3	8	92	100	108
2001.3	2001.11	8	120	128	128
2007.12	2009.6	18	73	91	81

① 资料来源:NBER。转引自宋玉华等著:《世界经济周期理论与实证研究》,商务印书馆,2007年,第396—397页。最后一行数字直接引自NBER网页。

从上表的数据，我们可以看到自 1945 年以来美国的经济周期和经济运行状况有一些比较明显的变化：

1. 相对于 1945 之前，1945 年之后美国历次经济周期的平均长度有了较大的变化。主要趋势是周期的平均长度越来越长。从 1854 年至 1945 年，美国共出现 22 轮经济周期，周期平均长度（从谷底到谷底，T-T）为 49.5 个月；从 1945 年至 2009 年，美国共出现 11 轮经济周期，周期平均长度为 69.4 个月。换句话说，相对于 1945 年之前，1945 年之后美国发生经济危机的频率降低了。在 1854 年至 1945 年的 91 年里，美国共发生经济危机 22 次，平均每 4 年左右发生一次；在 1945 年至 2009 年的 64 年里，美国共发生经济危机 11 次，平均每 6 年左右发生一次。

2. 相对于 1945 年之前，1945 年之后美国历次经济周期的收缩期（从前一个峰顶到谷底，P-T）有比较明显的缩短，扩张期（从谷底到峰顶，T-P）则有明显延长。从 1854 年至 1945 年，美国历次经济周期中的收缩期平均长度为 20.6 个月，扩张期平均长度为 28.9 个月；1945 年之后美国历次经济周期中的收缩期平均长度约为 11.1 个月，扩张期平均长度为 58.4 个月。由此可见，1945 年之后美国经济周期平均长度的延长主要是由于收缩期的平均长度大大缩短、扩张期的平均长度大大延长所致。①

3. 相对于 1945 年之前，1945 年之后美国历次经济周期中收缩期平均长度与扩张期平均程度之间的比例也有了根本性的变化。1854 年至 1945 年间美国历次经济周期中收缩期平均长度和扩张期平均长度之比约为 2∶3，虽然扩张期相对较长一点，但长得不多，总体上看历次经济周期中收缩期和扩张期的时间长度乃大体相当。然而，由于收缩期平均长度大大缩短，扩张期平均长度大大延长，1945 年至 2009 年间美国历次经济周期中收缩期平均长度和扩张期平均长度之比则变为 1∶6 左右，整个经济周期基本上是由扩张期所占，从而使 1945 年之后美国的经济运行看上去大部分时间都处在经济扩张过程之中。

---

① 以上分析参见宋玉华等著：《世界经济周期理论与实证研究》，第 398—403 页，1945 年之后的相关分析依据 NBER 网页新增加的 2007—2009 年数据做了适当调整。

1945年可以视为美国经济社会发展政策的一个分水岭。虽然像自由主义者和干预主义者门都承认的那样,在美国,明确、自觉、系统和有力的干预主义发展政策始自1934年启动的"罗斯福新政",但在1945年之前,一方面由于干预主义政策本身尚不成熟,另一方面也由于第二次世界大战的干扰和影响,使得干预主义政策对经济社会运行的实际效果难以得到准确评估。1945年之后,尽管美国的经济社会政策随着总统的更替也时有调整,但总体上讲都可归入凯恩斯式干预主义的范畴之内,而且干预主义政策本身也日臻成熟。因此,我们似乎完全可以用上述数据资料来为干预主义政策辩护。以上述资料为据,我们似乎完全可以说,在缓解经济周期方面,干预主义政策是完全有效的;1945年之后美国经济周期基本特征的变化,在很大程度上应该是干预主义政策的结果(尽管也可能还有其他一些因素如产业结构的变化等在起作用)。

　　然而,对于上述解读,自由主义者也完全可以提出自己的反驳。自由主义者会认为,对表9-1数据的上述解读完全是停留在一种表面层次上。从表面上看,1945年以后的美国经济周期确实有很大的变化。周期的平均长度确实是延长了,因此,单位时间内周期发生的频率确实是降低了;周期中的收缩期确实缩短了,扩张期确实延长了,因而经济运行确实大部分时间都处在扩张过程之中了。然而,这并非意味着引发经济周期的那些问题真正地被解决了。这些问题其实并没有被解决,而只是被干预措施造成的虚假繁荣暂时掩盖起来了,或者,至多可以说,被以一种扭曲的方式暂时解决了。例如,按照奥地利学派的说法,经济周期是由于信贷扩张所引发的各种不当投资的扩张和收缩造成的。信贷扩张歪曲了市场利率,使投资者对在均衡市场利率条件下本来无利可图的一些投资领域产生了错觉,从而对这些领域大量进行投资,促成了经济的虚假繁荣。一旦信贷收缩(这是由信贷系统的内在机制所致,因为信贷不可能永无止境的扩张),这些投资的不当性(例如,缺乏真正足够的资源来完成这些投资项目及其配套项目的建设和持久运行)就暴露无遗,从而成为经济运行过程中的一些"鸡肋"被弃之一旁。在经济紧缩阶段,这些不当投资本应该尽快被清除出去,使本来就有限的实际资源被配置到真正为社会所需要、因而真正可以盈利的领域当中去。在没有政府等外部力量干预的情况下,自由放任的市场将通过自身内在的调节机制来做到这一点,从而使经济尽快恢复到健康状态。而政府通过财政或信贷扩张政策进行的干预则将中止这样一种市场清算的过程,使这些不当投资得以保留甚至继续维持和延续下去,从而使整个经济结构变得更加扭曲。表面上看,"新一轮的信贷扩张席卷了上一次繁荣残留下来的不良投资和不良雇佣,似乎是在对先前的失误做一些弥补。而事实上这些不良成分都还未被上一次繁荣之后紧接着的经济调整改造好。其实新一轮的信贷扩张仅仅只是打断了经济重新调整的过程,并且延缓了经济回归健康状态的过程。"①通过中止本来应该让其继续下去的市场清算过程,政府的干预确实是可以起到缩短经济周期中的收缩期、延长扩张期这样一种作用,使得经济周期表面上出现表 9-1 中的数据所呈现的那样一些特点,但这种作用或效果是以不当投资的一次次累积、以资源的一次次浪费、以合理利用这些资源的机会一次次丧失为代价的(从这个意义上说,二十世纪后半期日益突显的资源枯竭、环境恶化等问题在某种程度上都可以视为干预主义战略的后果)。因此,表 9-1 的数据向我们呈现的只是政府干预所带来的表面效果,而在这些表面效果之下、或者说被这些表面效果所掩盖的那些负面后果却是这些数据无法反映的。事实上,如果没有政府的干预,经济的运行将会变得既更加富有效率,又更加平稳有序。

可见,正如我们前面所遭遇过的情形一样,在干预主义和自由主义对周期性经济危机应对策略所做的阐释孰是孰非这一问题上,单纯的"经验事实"也并不能告诉我们什么确切无疑的东西。

此外,在自由主义者们看来,干预主义政策之所以是一种不当的政策,除了在于这种政策会通过延缓市场出清进程来延缓经济危机的缓解之外,而且还在于这种政策必然会导致其他一些不良后果,其中最重要的一项就是通货膨胀。无论是政府的赤字财政政策、福利国家政策,还是工会对工资的刚性要求,最终都会导致通货膨胀现象

---

① 米塞斯:《人类行为的经济学分析》,第 475—476 页。

的出现。① 哈耶克明确指出：

> 福利国家所具有的各个主要特征都趋于刺激通货膨胀；而且我们也已知道，来自工会的提高工资的压力与当下的充分就业政策结合在一起，也会促成通货膨胀；再者，政府因提供退休金而承受的沉重的财政负担也会导致其不断试图以降低币值的方式去减轻这一负担。在这里，我们还需要指出的是，尽管这个问题未必与上述情形有必然关系，但是只要政府财政取之于国民收入的份额超过了25%时，它就必定会诉诸通货膨胀来减轻其应负的责任负担。此外，一如我们所见，由于在累进税制下，通货膨胀有助于政府增加税收，而且其增加幅度将在比例上超过收入的增加，所以诉诸通货膨胀的诱惑力也就变得愈来愈大了。②

通货膨胀会带来种种不良后果，如会通过扭曲价格机制而扰乱市场秩序，导致资源的错误配置；会通过减少债务人的实际负债来实现财产在债权人—债务人之间的一种不合理的重新分配（甚至可能导致部分债权人的破产）；在累进税制下，会通过提升人们的名义收入而自动增加税负，从而对经济增长形成负刺激（但却会自动增加政府的税收，这也正是政府为何会对通货膨胀政策乐此不疲的重要原因之一）；会通过迫使企业频繁地改变价格而增加企业的"菜单成本"（重新定价、制定新价目表、更改价格标签等）；最后，会通过货币在长时段内的持续贬值而使所有人的财富贬值，一方面使人们普遍日趋

---

① 弗里德曼在对干预主义的财政政策进行了仔细分析后明确指出，假如政府的赤字支出只是通过借款来维持，那么由于政府借款减少了私人支出，干预主义者所期待的那种经济扩张就可能不会出现。因此，为了能够起到刺激经济扩张的目的，政府只能通过增加货币数量的办法来维持赤字财政，其结果就必然是通货膨胀。参见弗里德曼：《资本主义与自由》，第73—82页。

② 哈耶克：《自由秩序原理》（下），邓正来译，北京三联书店，1997年，第100页。

贫穷（相对人们本来应该积累起来的实际财富数量而言），①另一方面又使人们对政府的福利形成了更加难以摆脱的依赖。对于最后这一点，哈耶克充满忧虑地说：

> 如果说福利国家的各种制度都趋于刺激通货膨胀的话，那么更为真切的是，通货膨胀的种种结果，反过来又强化了人民对福利措施的需求。②
>
> 我们能够从那个在这四十多年通货膨胀背景下工作而现在需要用其工作所获来养老的一代人身上，最清楚地看到通货膨胀这股潮流对他们的影响。

借助于一项统计调查所得出的结果，我们便可以看到通货膨胀对当前即将退休者的储蓄所产生的影响。该项调查的目的是要确定若干国家中的个人从1913年到1958年这四十五年中累计储蓄的现值；这些个人在这四十五年中每年都拿出实际价值相等的一笔钱储蓄起来并按4%的固定利率进行投资。假如货币价值一直未变，并将这些储户到了第45个年头时所拥有的货币总量确定为100，那么，到了1958年，这些储户的货币究竟保留了多少实际价值呢？以下是该项研究最终的计算结果：③

---

① "信用扩张的最终结果是社会的普遍贫困。"这里的"贫困"一词"是以在没有信用扩张与经济繁荣的情况下事态的发展为参照的。资本主义经济历史的显著特点是经济的持续发展，资本货物的供给的稳步增加，人民总体生活水平的不断提高。这一进程的速度是如此之快，以至于就算在繁荣时期内它也会大大超过与此同时不良投资和过度消费所带来的损失。于是总体上而言繁荣末期要比繁荣初期的经济更加兴旺。贫困只是在与人们潜在更好的满意状态相比时才会显现出来。"在信用扩张引起的通货膨胀过程中，某些个人或集团也许会受益，但"这种受益与他们自己的主动性和积极性毫无关系，而仅仅是得自于他们销售的货物的价格的上涨与他们购买的货物的价格的上涨之间的时间差。但广大人民却要承担起经济繁荣时期不良投资和过度消费所带来的灾害性后果。"米塞斯：《人类行为的经济学分析》，第462页。

② 哈耶克：《自由秩序原理》（下），第100页。

③ 哈耶克：《自由秩序原理》（下），第240—241页。

国 别	百分比
瑞士	70.0
加拿大	59.7
美国	58.3
南非	52.3
英国	50.2
瑞典	50.1
新西兰	49.9
挪威	49.4
埃及	48.2
丹麦	48.1
荷兰	44.0
爱尔兰	42.1
德国	37.1
比利时	28.8
秘鲁	20.6
意大利	11.4
法国	11.4
希腊	8.4

哈耶克分析说，从上述资料可以看到：

> 世界上只有一个国家，即瑞士，货币的实际价值可以达至70%；美国和加拿大的储户还算过得去，其实际价值约为58%。英联邦中的大多数国家以及"英镑集团"中的其他成员国的货币实际价值大概可以保持在50%上下，而德国尽管损失了1924年以前的储蓄，其实际价值仍可维持在37%；然而，与法国和意大利的投资者相比，上述所有国家的投资者都还属幸运者之列，因为在法国和意大利，到1958年初，投资者于此前时间中的整个储蓄，其实际价值仅为11—12%。①

---

① 哈耶克:《自由秩序原理》(下)，第101页。

假如自由主义者的这项指控是真实的,那么在自由主义和干预主义者的相关争论中,自由主义应该可以得到有利于自己的一分。然而,在这里,就像我们前面已经屡次碰到过的情况一样,问题同样并非如此简单。对于自由主义者的这项指控,干预主义者也提出了不同看法。凯恩斯等人认为:

第一,由政府干预等市场外部力量所造成的货币扩张并不一定会导致通货膨胀。奥地利学派和货币主义者都倾向于认为,在货币流通速度相对稳定的情况下,商品价格的变动主要取决于商品供求关系的变化:当商品供不应求时,价格就将上升;反之价格就将下降。而货币数量的变化会影响到市场需求的变化——货币数量的增减会直接导致市场需求的增减。① 因此,如果货币数量即市场需求的增加速度大于需要用货币来购买的商品供应数量增加的速度,那么单位商品的价格就将上升;反之,单位商品的价格就将下降。然而,凯恩斯等干预主义者却认为,货币数量与物价之间的变动关系并非如此简单。且不说有效需求并不一定与货币数量等比例发生变化,在即使有效需求与货币数量发生了等比例变化并由此导致商品供应不足的情况下,货币数量的变化也并非一定会引起物价的变化。凯恩斯指出,在"假设进入边际成本的不同生产要素所得报酬都以相同的比例变动,也就是说,都随工资单位变动作相同比例的变动",以及"假设设备与技术不变"的前提下,一般物价水平将一部分由工资单位所决定,一部分由就业量所决定。在进一步"假设所有闲置资源都是相同的,而且在进行生产时可以相互替代使用,同时又具有相同的效率",以及"假设进入边际成本中的各生产要素,只要尚未全部利用,便不会要求增加货币工资"的条件下,只要存在任何失业现象,货币数量的增加(以及由此造成的有效需求的增加)就只会导致就业量的增加,而不会对物价有任何影响。② 但只要实行了充分就业,伴随着

---

① 按照弗里德曼的说法,在货币数量增加的情况下,货币对于持有者的边际效用将会降低,因而会刺激货币持有者减持货币而增持其他形式的财产,包括其他商品。反之,在货币数量减少的情况下,货币对于持有者的边际效用将会上升,因而会刺激货币持有者增持货币而减持其他形式的财产,包括其他商品。

② 凯恩斯:《就业、利息和货币通论》,第227页。

货币数量增加造成的有效需求增加而来的,就将是工资成本和物价的增加。只有在这种时候,我们才"达到了可以被称为真正通货膨胀的状态"。在这之前,由于这样那样的一些原因,即使物价有所上升,也不是真正的通货膨胀。因此,我们可以说:"只要存在着失业现象,就业量会和货币数量作出相同比例的变动,当达到充分就业时,价格水平会和货币数量作出相同比例的变动。"①汉森也明确地说:"总物价水平的变动主要是由货币数量的变化所决定"的这种说法"部分的是过分简化,部分的是局部真理,还有部分则是完全错误的";"总价格水平的变动主要地是由企业、消费者和政府的总支出水平的变动所决定的这种说法,也许更接近于真理。"但即使如此,总价格水平和总支出水平之间也不存在直接的关系:"在存在失业和未利用资源的条件下,总支出量的变化主要的是影响产量,而几乎不影响价格;在充分就业的情况下,总支出量的增加将反映在价格的普遍上升上。"②

第二,在一定程度上,既使出现了通货膨胀也不可怕,因为温和的通货膨胀不仅不会给经济社会运行带来较大的破坏,而且还有助于经济的增长。所谓温和的通货膨胀,指的是产量的增长落后于物价增长时出现的物价温和上涨这样一种情况,其对立面是凯恩斯所谓"真正的通货膨胀",或汉森所谓"纯粹的通货膨胀",即产量并无任何显著增长时物价明显上涨这样一种情况。③"真正的通货膨胀"或"纯粹的通货膨胀"是有害的、应该尽量加以避免的。但温和的通货膨胀则不但对我们无害,而且还是经济增长所必需的。对于这一点,汉森解释说:"一般而言,我们可以确定这样一种观点:在没有货币供给的某种增加的条件下,国民收入不能有效地和以最有利的方式增加。在某些条件下,国民收入的增加伴随着一个较小比例的货币量

---

① 凯恩斯:《就业、利息和货币通论》,第228页。
② 汉森:《货币理论与财政政策》,第173页。
③ 干预主义者认为,并非物价的任何上升都属于通货膨胀。如果物价水平的上升等于或小于产出水平的上升幅度,那么我们就没有任何真正意义上的通货膨胀。物价的这样一种上升对经济和社会福利不会造成任何损害。汉森明确地说:"在我们或任何其他国家历史上的任何时期,都没有事例可以证明物价上涨已经损害了整个经济和一般福利,如果这一时期里的总产量的增加在百分率上超过了物价的上涨。"见汉森:《美国的经济》,北京大学经济系译,商务印书馆,1962年,第39页。

的增加可能是有利的和合意的;[而]在另一些条件下,可能伴随着一个比国民收入增加的比例更大的货币量的增加。"后一种情况之所以会出现,是因为"考虑到供给和成本因素,除非货币收入的增加快于实际收入,否则就业和产量的扩张不能(在没有严重的摩擦和近乎是在难以逾越的障碍的情况下)在一个市场经济中轻而易举地产生。"当然,如果相对于产量来说,货币收入增加得十分迅速,那么结果将是"扭曲和混乱"。但"随着情况的变化,存在某种相对于实际收入的最优货币收入增长率,这种增长率能最好地促进就业和生产率。"更具体一点说,扩张一般是由私人投资和政府支出的增加所引起,而无论是私人投资还是政府支出的增加都可能需要向银行借款(对政府而言,虽然也可以通过增加税收或向公众借款来增加支出,但政府支出的大幅度增加往往不能立刻从税收或公众借款中筹集,尤其是当收入处于一个低水平时,增加税收或向公众借款是不容易的,在这种情况下,最容易实现的筹款方式就是向银行借款)。银行可能会将公众存储在银行里的闲散现金余额借贷给政府或私人投资者,但这一般会引起利率或多或少的上升,而利率的任何增加又都将会或多或少地对投资和消费有一个阻抑效应。"因此除非增加货币供给,否则一般地对私人投资或政府贷款支出增加的完全杠杆效应不可能产生。"①而在产量还没有来得及上升的情况下,新增的货币就可能引起物价的上升。因此,"发展迅速的年代,通常也是物价温和上涨的年代。在通常的情况下,价格制度对于迅速扩张的反应状态,往往就是这样。""如果批发价格和消费品价格没有一些温和的上涨,我们大概是不能有任何近似我们力所能及的发展的。"②

  基于这种观点,汉森批评了那种盲目固守物价稳定政策的立场,指出"恐怕我们有把严格的物价稳定当作神物的重大危险。这种被崇拜的神物很容易成为最适度发展和扩张的严重障碍。如果每次的

---

① 汉森:《货币理论与财政政策》,第205—206页。这一点和前述弗里德曼的相关分析基本一致。区别只在于弗里德曼对由此引起的通货膨胀表示忧虑,而汉森则不仅不感到忧虑而且还认为是经济增长所必需的。

② 汉森:《美国的经济》,第41页。

物价微涨都把我们吓得倒退,我们就会远远落后于可能达到的发展。"①"我们想成长和扩张,但我们不愿意知道这会带来通货膨胀的压力。"②汉森指责说人们已经把"通货膨胀"这个名词用得过滥了,"既用它来描述第一次世界大战后德国的天文数字式的物价上涨,又把它用在美国史上的比较温和的物价上涨。至于'通货膨胀压力'这一词组,我觉得往往变成实际上与'扩张力量'无异的同义词。因此,就应用了各种的抑制手段,为了严格的物价稳定竟牺牲了产量。"③汉森还批评说,经济学家一般容易夸大温和的物价上涨的弊害,有人说通货膨胀会把人们的储蓄吞没掉,还有的人则说通货膨胀会消灭中产阶级,会把收入集中到少数人手里等等,而实际上,这只是在巨大的天文数字式的通货膨胀中才会发生的事情。在温和的通货膨胀中,这种事情一般不会出现,20世纪以来的历史都能够证实这一点。其实,事情正好相反,"吞蚀家庭储蓄最厉害的,莫过于通货收缩和失业。""如果为了追求严格的物价稳定,我们容忍甚或促成相当大量的失业,那我们就将无从获得我们力所能及的发展。……在这种情况下,我们就可能随波逐流逐渐陷入停滞的状态。"④

　　哈耶克曾经举过一些数字来表明通货膨胀将如何将人们的储蓄贬值,汉森也用20世纪上半叶美国的实际数据来表明温和的通货膨胀并不会将人们的储蓄化为乌有。他指出,在20世纪的头两个25年中,"我们诚然经历了相当大的物价巨变,但……每一家庭的储蓄额(根据物价影响修正后)已是1925年的两倍以上;城市自置住宅从45%增加到55%;自耕农场从8%增加到75%。中产阶级比历史上任何时候都要强大。""即使我们在第二次世界大战以后所经历的相当大的物价上涨,也并没有使家庭储蓄一扫而空。根据住宅放款银行董事会的材料,每一家庭在人寿保险、储蓄存款、美国储蓄公债以及在各种储蓄和借贷组织中所积累的储蓄总额,从1944年的2500

---

① 汉森:《美国的经济》,第38页。
② 汉森:《二十世纪六十年代的经济问题》,张伯健等译,商务印书馆,1964年,第10页。
③ 汉森:《美国的经济》,第39页。
④ 汉森:《美国的经济》,第41—42页。

元增为 1954 年的 4200 元,代表着 10% 的实际购买力的增加(计算数字已按消费品物价变动调整)。"①

汉森等干预主义者对通货膨胀(尤其是"温和的通货膨胀")所做的上述辩护,在西方颇有影响。不过,20 世纪七八十年代,一批被称为"新古典学派"的经济学家,如卢卡斯等,又从"理性预期"假设出发,对干预主义者关于通货膨胀会推动经济增长的看法给予了批评。卢卡斯认为,企业家主要是根据自己生产的商品的相对价格运动(即自己生产的商品在价格上相对于其他商品价格所发生的变化)来调整其产量的:当(也只有当)自产商品的相对价格上升时,企业家就会(也才会)扩大生产,因为自产商品相对价格的上升意味着市场总需求发生了有利于自产商品的变化(对自产商品的需求比例扩大了);反之,当(也只有当)自产商品的相对价格下降时,企业家就会(也才会)缩小生产,因为这也意味着市场总需求发生了不利于自产商品的变化(对自产商品的需求比例缩小了)。一般价格(即所有商品的价格)的变化并不会对企业生产发生影响,因为这只是意味着货币数量或收入/支出的普遍增加,而市场总需求的结构(对市场上各种商品的需求比例)并未发生变化。不过,由于企业家并不能够及时掌握一般价格的变化,当后一种情况发生时,企业家经常会误以为是自己商品的相对价格发生了变化,从而做出相应的生产行为。譬如,当货币数量或收入/支出普遍增加,商品价格普遍上升时,企业家可能会误以为只是自己商品的价格发生了上升而扩大产量。结果,从表面上看,货币数量或收入/支出的普遍增加刺激了经济的增长。但企业家们迟早是会认识到真相的。一旦企业家认识到相对价格并没有变化,他们就会停止生产的扩张甚至使生产回到原来的规模上。因此,通货膨胀并不会导致真正稳定、长期的经济增长。

对于米塞斯、哈耶克等奥地利学派学者与凯恩斯、汉森等凯恩斯主义者之间就通货膨胀问题所发生的上述争论,我们该如何看待?我们有无可靠的办法来对他们之间的争议做出一个公正无误的裁决?我觉得答案仍然是:没有办法。

---

① 汉森:《美国的经济》,第 42 页。

第一,货币供应数量的增加是否会引起物价上升?对于这个问题,奥地利学派学者的回答是"会",凯恩斯主义者则认为在"劳动力和其他生产资源尚未被充分利用"的情况下答案应该是"不会",只有在"劳动力和其他生产资源已被充分利用"的情况下答案才应该是"会"。那为什么在"劳动力和其他生产资源尚未被充分利用"的情况下答案应该是"不会"呢?凯恩斯派学者的回答是:在"劳动力和其他生产资源尚未被充分利用"的情况下,当发现货币供应数量(或更准确地说企业、消费者和政府的总支出量)有了增加时,企业家们一般不会用提高商品价格而是会用扩大商品产量的办法来加以应对。如果事实果真如此,那么凯恩斯等人对"货币供应数量的增加是否会引起物价上升"这一问题的回答应该就是正确的;反之就是不正确的。问题正在于:企业家们真的是按凯恩斯等人所说的这种方式行事吗?就像我们前面所遭遇的很多问题一样,对于这个问题,我们恐怕也难以得出一个唯一的答案。假如我们去对企业家们的行为进行调查,我们可能会发现,在某些时间、空间里,企业家们的行为可能是与凯恩斯的说法相一致的;而在另一些时间、空间里,企业家们的行为则可能是与凯恩斯的说法不一致的甚至相反的。因此,对于这个问题的标准答案可能是根本不存在的。要想就奥地利学派和凯恩斯学派在这一问题上的说法做出一个唯一"正确"的选择恐怕是不可能的。

第二,温和的通货膨胀是经济增长所必需的吗?干预主义者倾向于对这个问题做出肯定的回答,但自由主义者则倾向于对这个问题做出否定的回答。对于自由主义者来说,货币数量的多少与产品和劳务供给的增减两者之间没有任何关联。任何一个数量的货币都可以和任何一个数量的产品及劳务供给相匹配,变化的只是产品和劳务的市场价格而已。影响产量增长的主要因素是劳动生产率。随着劳动生产率的提高,产量逐渐增加,如果货币数量没有同时增加,在货币流通速度不变的情况下,产品的价格将会下降,单位货币的购买力将会增加,经济过程并不会由于货币供应不足而发生困难。因此,认为经济增长必须以温和的通货膨胀为前提的说法是难以成立的。不仅如此,温和的通货膨胀还始终存在着进一步恶化成为严重通货膨胀的危险。哈耶克指出:"所有人为操纵的通货膨胀,都具有自我加速的机制。货币量的增加最初之所以会具有普遍的刺激作用,只能归因于下面的事实:人们会突然发现,价格、因而利润都高于预期。每项投资冒险都成功了,甚至包括某些本应该失败的项目。但这只有在人们没有普遍地预期到价格将持续上涨时才会有效。一旦人们学会了如何计算价格上涨的幅度,那时,即使是价格以同一速度持续上涨,也不可能再发挥出最初的那种刺激作用。于是,货币政策面临着一种难堪的进退两难困境。为了维持温和的通货膨胀所创造出来的经济活跃程度,货币当局不得不加速通货膨胀率,并且不得不一次比一次的增加幅度更大,以使通货膨胀率能够压过人们的预期。如果货币政策不能做到这一点,要么停止加速,要么完全放弃通货膨胀政策,则经济就将处于比这一过程启动之前更糟糕的境地。"①

第三,通货膨胀是否会有助于经济增长?干预主义者(如汉森等人)认为会,自由主义者(如卢卡斯等人)则认为不会。卢卡斯等人认为不会的理由主要是企业家只会在自产商品的相对价格出现上升时去增加生产,而通货膨胀往往都会导致一般价格(而非某个或某些商品的相对价格)的上升,只有在企业家不了解一般价格的变化情况而误以为只有自产商品价格在上涨时他才会增加生产,一旦他发现了真相后就会停止增加生产甚至使生产恢复到原来水平。不过,从卢卡斯等人的说法中实际上也可以做出这样一种推论,即:尽管每一次的通货膨胀导致的可能都是一般价格水平的上升,但由于单个的企业家在开始的时候都无法掌握一般价格的变化情况(而且在存在市场竞争的情况下他也不能等到掌握了一般价格的变化后再做决策,否则在如果价格上升真是相对价格上升而非一般价格上升时他将因在调整产量方面落后于竞争者而错失良机),因此他通常都将把它当作相对价格上升来看待,从而做出在一定程度上增加生产的决策;如果这是每一次通货膨胀都可能引发的反应,那么通货膨胀事实上就可能有(尽管可能只是在一定程度上)推动经济增长的效果。若这一推论可以成立,那么汉森等人关于通货膨胀有助于经济增长的说法似乎又是有一定道理的了。当然,每一次的通货膨胀所引发的经济

---

① 哈耶克:《货币的非国家化》,姚中秋译,新星出版社,2007年,第110—111页。

增长程度到底会有多大,则取决于企业家们从不清楚一般价格运动的状况到弄清楚这一状况所延续的时间长短,以及在这期间企业家们决定增加产量时的审慎程度:如果延续时间较长,审慎程度较低,则引发的经济增长程度就可能会较高;反之则就可能会较低(从理论上说乃至可以达到忽略不计的地步,假如延续时间甚短、审慎程度很高的话)。

这样,我们看到,对于政府等市场外部力量的干预是否会引起通货膨胀以及通货膨胀是否是一种可怕的经济社会现象这一问题,自由主义和干预主义之间同样是胜负难分。我们既无法对哈耶克和汉森所引相关数据的真假性做出明辨,也无法对通货膨胀的可取性、合理性做出所有人都能接受的唯一判断。

综上所述,在干预主义和自由主义对周期性经济危机应对策略所做的阐释和论证方面,我们发现:

1. 从理论逻辑方面来看,自由主义者和干预主义者之间争论的焦点主要集中在"市场自我调节是否有效"这一主题上:自由主义者坚持在没有外部干预的情况下市场能够有效地进行自我调节,干预主义者则坚持市场无法有效地进行自我调节。对双方理论逻辑的分析表明,无论是自由主义者还是干预主义者的看法在特定条件下都可能成立,但在另外的条件下则都可能不成立。因此,我们既难以对它们笼统地加以否定,也难以对它们笼统地加以肯定。

2. 从经验事实方面来看,美国自1854年至2009年间历次经济危机的有关数据(尤其是1945年前后的数据对比)似乎表明,在缓解经济周期方面,干预主义政策是完全有效的;然而,如果我们换一个角度,我们也可以对这同一批数据做出与此完全相反的解释,即:干预主义政策在缓解经济危机方面所起到的这种效果仅仅只是表面上的;在这些表面效果之下,存在的则可能是不当投资的一次次累积、资源的一次次浪费,以及合理利用这些资源的机会一次次丧失。在这两种解释当中我们到底应该做何种选择,很大程度上取决于我们受何种话语系统的引导和约束。单纯的经验事实本身并不能告诉我们任何可靠的信息。

3. 从政策后果方面来看,自由主义者和干预主义者之间的发生的一个重要争论集中在政府等外部力量的干预是否会导致通货膨胀以及通货膨胀是否可欲这样一些问题上。对于这些问题,自由主义者坚持认为政府干预会导致通货膨胀,而通货膨胀不仅不为经济增长所必需,或不会刺激经济增长,而且还会导致一系列不良的经济社会后果。反之,干预主义者则坚持认为在生产资源尚未被充分利用的条件下,政府干预所造成的货币或信贷扩张不会导致通货膨胀,而且即使发生了通货膨胀,只要这种膨胀属于"温和"的膨胀,那么就既不会给经济社会生活带来什么严重的不良后果,而且还为经济增长所必需,或会有助于经济增长。我们可以发现,对于这两种不同看法的"正误",我们其实也没有办法来加以终极性的甄别。

根据以上分析,我们应该可以得出如下结论:正像我们在周期性经济危机诱发原因问题上所面临的情形一样,在干预主义和自由主义对周期性经济危机应对策略所做的阐释孰是孰非这一问题上,我们同样也无法做出唯一的、终极的判断。无论是自由主义还是干预主义,都有可能是应对周期性经济危机的恰当策略,只要市场体系确实处在它们各自的理论分析所预设的那种情形之下。笼统地肯定其中的一种理论立场而排斥另外一种理论立场的做法也是不可取的。

结　语

　　回到我们在引言中提出的那个问题：第二次世界大战前后，在世界主要发达资本主义国家中为什么会发生以"罗斯福新政"为标志的干预主义战略转型呢？

　　通过本书第一至四章所做的分析，我们试图说明罗斯福及其支持者们对罗斯福"新政"一类干预主义政策起源的解释并不必然成立：1929—1939年大萧条一类的经济危机，并不一定像主流话语所说的那样，是以自由放任为原则的资本主义市场经济制度的必然结果；胡佛总统在应对大萧条方面所遭遇的失败，也不一定像主流话语所宣称的那样是"自由放任主义"政策的失败；罗斯福总统所实施的那些干预主义政策在应对大萧条方面也不像主流话语所说的那样成功；所谓"1929—1939年的大萧条是以自由放任为原则的资本主义市场经济制度的必然结果，只有通过罗斯福新政一类的干预主义措施才能够缓解或消除周期性的经济萧条"之类的说法，在很大程度上是罗斯福及其支持者们在"消费不足论"这种特定话语系统的引导和约束下，对"经验事实"、"解释逻辑"和相关概念的含义做出特定选择之后所得出的结果；只有以这样一些在经验事实、解释逻辑和概念含义方面所做的特定选择为基础，罗斯福等人对"新政"一类干预主义政策的起源所做的解释、或对干预主义政策所做的辩护才能够成立；否则，人们就完全可以对这些解释、这些辩护加以质疑。

　　但至第四章止的分析也留下一个疑问，这就是：这些分析充其量也不过是说明了罗斯福等干预主义者的言行的确是受到了"消费不足论"这一话语系统的影响和约束而已,而并不能证明罗斯福等人在这一话语系统的引导和约束下对大萧条起因所做的分析及结论("从自由放任主义向干预主义的战略转型是一种历史的必然")本身就是有问题的、或不能成立的;假如人们能够证明在大萧条的解释和应对方面"消费不足论"是唯一正确、可取的理论话语,那么罗斯福等人在这一话语的引导和约束下对大萧条起因和对策所做的分析及结论(包括他们在不同的"经验事实"、"解释逻辑"和"概念含义"当中所做的那些特定选择)也就应当是唯一正确的、可取的,尽管它在细节上可能会存在一些问题;其他人对大萧条起因和对策所做的分析及结论(也包括他们在不同的"经验事实"、"解释逻辑"和"概念含义"当中所做的那些特定选择)就应当是错误的、不可取的。因此,仅仅指出罗斯福及其支持者们在对大萧条的起因和对策进行分析是受到了这一话语的引导和约束,并不足以证明本书想要说明的那个观点,即:"从自由放任主义向干预主义的战略转型并非是一种历史的必然性,而是一种话语的建构。"除非我们能够进一步证明在大萧条的解释和应对方面"消费不足论"**不**是唯一正确、可取的理论话语,除了"消费不足论"之外,尚有或完全可以有其他一些理论话语存在,这些理论话语不仅在对大萧条及干预主义的起源方面有着十分不同的说法,而且对于这些不同说法之间的真假、对错,我们并无可靠的途径与方式来加以终极性的甄别和判断——否则我们在第一至四章中所做的说明就是不充分的。

  本书从第五章起所做的分析正是要解决上面遗留的这样一个问题。通过后面这几章的分析,我们试图进一步说明的正是:在大萧条的解释和应对方面,"消费不足论"的确不是唯一的理论话语;在"消费不足论"之外的确存在着其他一些理论话语,如"投资不足论"、"货币主义"、"奥地利学派"等,这些话语系统之间在对大萧条及干预主义的起源和应对策略方面的确有着不同的说法;而且,最关键的是,无论是从经验事实、从逻辑推理,还是从语义分析方面看,对于这些不同说法之间的真假、对错,我们的确并无可靠的途径与方式来加以终极性的甄别和判断。

对于不同理论话语之间的真假、对错,我们为什么会难以做出一个终极性的甄别和判断?结合本书所做的分析,我们可以看到,我们对不同理论话语之间的真假、对错之所以难以做出一个终极性的甄别和判断,其原因至少包括以下几个方面:

　　1.经验陈述的非唯一性。科学论断必须以"事实"为依据,这似乎是人们的一种共识。然而,正如我们在前面的相关分析中所展示的那样,问题恰恰在于,在很多时候我们会惊讶地发现我们所需要的有关"事实"并非像我们通常以为的那样明确无误。对于我们进行科学论断所需要的某一"事实",很可能存在着非常不同甚至相互矛盾的一些陈述。譬如,对于1929年经济大萧条爆发之前的若干年里美国是否存在着"消费不足"的现象(或者说1929年经济大萧条爆发之前的若干年里美国居民消费支出占国民生产总值的比例是否有下降的趋势)这一问题,我们所得到的有关"事实"的经验陈述在内容上是互不一致甚至相互矛盾的:吉尔伯特·C.赖特、吉姆·E.里斯、斯塔夫里阿诺斯、狄克逊·韦克特、杰里米·阿塔克和彼得·帕塞尔、McElvaine、胡国成等人提供或引用的数据表明大萧条爆发之前的若干年里美国存在着"消费不足"的现象,而小福尔索姆、汉森、彼得·特明等人引用的数据却表明大萧条爆发之前的若干年里美国根本不存在"消费不足"的现象。按照人们通常持有的观点,这些互不一致甚至相互矛盾的经验陈述不可能同时为"真",它们当中只能有一个是"真"的或相对最为"真"的,其他的陈述则一定是"假"的或相对为"假"的。因此,我们必须要在这些互不一致甚至相互矛盾的陈述当中选择出一个可以确认为"真"或相对为"真"的陈述来作为我们进行科学论断的"事实"依据。然而,困难正在于,我们发现,至少到目前为止,人们并没有能力以一种纯粹"客观"的态度来进行这样一种选择。为了进行"科学论断",人们必须在这些互不一致甚至相互矛盾的"事实"陈述当中进行选择,但人们在进行这种选择时不可避免的要受到他所属的话语系统的约束和引导。只有在某种特定话语系统的约束和引导下,这种选择才有可能。例如,在"消费不足论"的约束和引导下,我们就可能做出罗斯福等人所做出的那种选择;而在"投资不足论"或其他话语系统的约束和引导下,我们就可能会做出与罗斯福等人相反的选择。由此可见,并不存在着完全脱离特定的话语系统而独立存在的"自然事实"。所有的"事实"都只是人们在特定话语系统的约束和引导下选择性建构的产物。既然如此,当我们试图以某种或某些所谓的"事实"为据来对某一理论或话语的"真"、"伪"进行检验时,我们就陷入了一个自相矛盾的困境之中:这些"事实"本身就是特定理论或话语系统建构的产物(而非纯粹自然的"事实"),它们何以能够反过来成为我们用以判断、检验理论或话语系统之"真"、"伪"的依据呢?

其实,这并不仅仅只是在有关大萧条的研究或社会科学研究中才会出现的情况。科学哲学的研究早就表明,即使是在自然科学研究领域中,所谓脱离开解释而独自存在的纯粹自然的"事实"也是不存在的。即使在自然科学研究领域中,任何一件"事实"也都是人们"解释"的结果。而"解释"是依赖于"理论"的:所由出发的"理论"不同,解释出来的"事实"也就不同。因此,试图通过发现其中哪一种理论能够获得更多相关"事实"的支持来判断哪一种理论更为可取,即使是在自然科学研究领域中也是一种没有意义的做法。

2. 理论解释的非唯一性。科学研究的主要任务是要对"事实"之间的因果关系做出论断,用其中的一个或一些"事实"来解释另一个或一些"事实"的产生和变化。但由于以下一些原因的存在,这一任务的完成也具有相当的艰巨性。

首先,社会现实中各种现象之间可能都同时具高度的相关性,而我们又几乎没有能力来对这些同时具有高度相关性的现象之间的因果关系做出确切无误的最终判断。例如,按照伯南特等人总结的有关经济周期的一些"典型事实",本文所讨论的上述四种理论系统所提出来解释经济周期现象的关键因素,如"消费"、"投资"、"货币变量"等其变化态势均与GDP的变化态势都高度一致。那么,这几种因素当中到底哪一种或几种与GDP的变化态势之间存在着因果关系呢?是只有其中一种因素的变化导致了GDP的变化呢,还是它们都对GDP的变化产生了影响呢?如果只有其中一种因素的变化导致了GDP的变化,那么又是其中的哪一种呢?对于回答这样的一些问题,我们几乎无能为力。我们只能说,在对有据可查的绝大多数经济周期进行解释方面,上述四种学说都可在一定程度上获得所需"事实"依据的支持,都有一定效力。

有人可能会说,在当今社会科学界,统计分析技术的发展已经使我们有可能借助于统计分析(如详尽分析①、多元回归分析或路径分析等)的方法来确定不同统计变量之间的因果关系。对于这种看法,米塞斯、哈耶克、罗斯巴德等几代奥地利学派学者早就提出了明确的反对意见。米塞斯明确认为,由于任何一种社会现象都是各种因素复杂作用的结果,而在社会科学中又无法像在自然科学中那样利用实验的方法来将可能导致事物发生变化的各种因素分离出来单独进行观察,因而也就很难单纯以经验事实为依据来"为任何一种结果找到其充分的原因"。② 罗斯巴德也同样明确地对此观点加以重申:"我认为,经济学理论不能用历史上的或统计上的事实加以'检验'。这些历史事实非常复杂,科学实验中的物理事实可以被隔离,而历史事实却是不可控制的,所以它们不能用来'检验'理论。许多诱因总是联系在一起的,这样才形成了历史事实。成因理论对于这些历史事实来说是先验的,只有它可以用来分离和查明各种原因是否产生了作用。"③

在运用统计分析技术来确定现象之间因果关系的方法中,两种被确认为具有相关关系的现象之间是否同时还具有前后相继的时间序列关系,被认为是进一步判定它们之间是否具有因果关系的关键因素。两种具有相关关系的现象之间如果同时还具有时间序列上的前后相继关系,那么就可以被确定为具有因果关系,反之则不然。然而,下面的例子可以表明,既具有高度的相关关系同时又具有前后相继之时间序列关系的两种现象之间并不必然就会具有因果关系。例如,假如我们对闪电和雷声这两种现象的观察数据进行统计分析(包括采用详尽分析、路径分析等因果分析模式),我们会发现这两种现象之间不仅存在着高度的相关性,而且还有着严格的前后相继性。

---

① elaboration analysis,以往也译为"详析模式"。
② 米塞斯:《货币、方法与市场过程》,第5页。
③ 罗斯巴德:《美国大萧条》,第33页。

但我今天公认闪电和雷声之间毫无因果关系，它们都只是云团摩擦时正负电子碰撞这一现象的结果而已。至于为什么我们会将"云团摩擦时正负电子碰撞这一现象"（而不是别的什么现象）确认为是"闪电"和"雷声"这两种现象的原因，则很大程度上靠的是以已有物理学理论命题（如"正负电子碰撞会产生电流和声音"、"光的传播速度要比声音的传播速度更快"等）为依据展开的演绎推理而不是统计验证。已有的物理学命题不同，以此为依据展开演绎推理后所得到的（对"闪电"、"雷声"等现象间因果关系）解释也就会不同。因此，和"事实"的选择依赖于话语系统的归属一样，对不同"解释"的选择同样也依赖于话语系统的归属。在不同的因果"解释"面前，从属于不同话语系统的人会做出不同的选择。

此外，对于"相继关系"的判断也会是一个问题。虽然说"相继关系"意味着两种现象的出现在时间上必须有"前"、"后"之别，但"前"、"后"之间的时间差异到底要达到一个什么样的程度才可以被我们认为是属于"相继关系"？在物理学研究中对时间的观察也许可以达到一个非常精确的地步，然而，在社会科学研究中，对现象变化时间的观察往往是非常粗糙的，经常是以年、月、周等为单位。这样，许多本来可能具有"相继关系"的现象其相继性就可能会由于时间统计方面的粗糙性而被抹杀。譬如，当统计数据是以"年"为单位来进行时（正如我们这里所引用的这些数据一样），"前"、"后"相差几个月的时间序列关系就完全可能没有被统计出来。因此，许多在以"年"为单位进行的统计数据中被认为是同时出现的两个数据，其实很可能是存在着相继关系的，只是没有被统计数据反映出来罢了。

理论解释之所以具有非唯一性的另一个重要原因是社会现实本身缺乏严格的规律性。也正如米塞斯所说的那样，在社会科学所处理的那些变量之间不存在着固定不变的因果关系。在自然科学中，各种定理（如物理学定理）在时空适用范围方面虽然也存在着一定的限制，但它们的适应范围毕竟还是比较长远和宽泛。而在社会科学中，可能根本就不存在任何超出特定时间、空间范围的普遍规律。社会科学家们所总结出来的任一命题可能都只是对已经过去了的特定情景条件下某些人类行为特征的描述而已，它并不具有物理定理那样的普适性。例如,凯恩斯认为引发经济萧条的主要原因可能是投资者的投资信心严重丧失以至于投资需求长时间内无法恢复到正常水平。对于凯恩斯提出的这一命题,即使能够通过某一次或几次的"事实"检验,我们也无法确保它具有在任何时候都有效的普适性。更为可信的看法是:此时此地发生的经济萧条或许多数如凯恩斯所说主要是投资者的投资信心过度丧失引起投资需求长时期无法恢复所致,但彼时彼地发生的经济萧条却很可能是由于其他因素造成的。

最后,在本书前面的分析中,我们也看到,即使是面对着"确切的"资料,我们对这些资料的解释也可以是非唯一性的。例如,按照库兹涅茨提供的数据资料,我们可以发现,在1919年—1935年间,美国居民的消费支出占国民收入的比重和投资支出占国民收入的比重这两项指标的年度变化同国民生产总值的年度变化之间都存在高度的相关性,而且美国国民生产总值的年度变动状况与消费支出年度变动状况之间的相关性,比与资本形成年度变动状况之间的相关性,似乎要更高一些。这似乎表明国民生产总值的波动在相对更大的程度上是由消费支出的变化所决定的。可是面对这同样的数据资料,汉森却做出了完全不同的一种解释。以凯恩斯主义理论为指引,汉森提出了这样一种独特的看法,即:投资需求的变化往往先于消费支出的变化(或者说消费支出的变化往往滞后于投资需求或资本形成的变化),库兹涅茨数据中投资需求(或资本形成)年度波动趋势同国民生产总值年度变化之间的相关性与消费支出年度波动趋势同国民生产总值年度变化之间的相关性两者之间出现的上述差异,正是这一规律的结果。经过汉森的这样一种解释,库兹涅茨数据就不仅不再显得与"投资不足论"有所冲突,反而还成了"投资不足论"的有力证据。可见,在社会科学研究过程中,面对同一个(或一组)大家共同确认的统计数据(或经验资料),对于这一个(或一组)统计数据(或经验资料)的意义,人们也可以有完全不同的解释。正如米塞斯所指出的那样:"社会科学不能利用经验来证实其观点。社会科学所研究的每个事实和经验都可有无数种解释。"[1]"同样的事实,同样的统计数

---

[1] 米塞斯:《货币、方法与市场过程》,戴忠玉、刘亚平译,新星出版社,2007年,第5页。

字,可以被用来证实相互矛盾的理论。"①

3.词汇含义的非唯一性。无论是科学研究还是日常谈话都必须借助于一定的概念词汇来进行。可是,我们却经常会发现,无论是在科学研究过程中还是在日常会话过程中,形式上相同的一些词汇,在不同的言说者那里却可能有非常不同的含义。如本书前面所做相关分析中涉及的"自由主义"、"干预主义"、"经济复苏"等词汇就是很好的例子。这些词汇,虽然为自由主义者和干预主义者们所共同使用,但这些隶属于不同话语系统的写作者或言说者们在使用这些词汇的时候各自享领的含义和外延是不一样的。而这种"不一样",正是自由主义和干预主义话语之间存在差异的重要根源。自由主义者和干预主义者们各自的理论解释在很大程度上正是与他们所用概念词汇的特定含义相联系,是以这些概念词汇的特定含义为前提的。当然,自由主义和干预主义话语之间在概念方面的差异并不限于以上这些。除了上述这些词汇之外,进一步的分析可以让我们了解到自由主义者和干预主义者们之间在概念词汇方面所存在的诸多差异。限于篇幅,我们在这里不再细述。

概而言之,即使在科学研究过程中,我们所需要的经验资料、我们对这些资料所做出的理论解释以及我们进行理论解释时所使用的概念含义也都具有非唯一性或多元性。如上所述,这种非唯一性或多元性在很大程度上是由我们从事研究所需要的经验资料、我们对这些资料所做出的理论解释以及我们进行理论解释时所使用的概念含义对特定话语系统的依赖性所造成的。消除这种非唯一性是人类长期以来的追求,但至少到目前为止以及在可见的未来,这种追求并没有值得炫耀的结果。至少到目前为止及在可见的未来,人们都只能在特定话语系统的范围之内来获得这种唯一性和确定性,其结果就是这种唯一性和确定性也只是在特定的话语系统之下才有效。在不同的话语系统之间,我们就只能接受上述非唯一性或多元性。因此,至少到目前为止及在可见的未来,所有的唯一性和确定性(或者更通俗地说:所有能够以唯一和确定无疑的方式来加以陈述的"现

---

① 米塞斯:《货币、方法与市场过程》,第10页。

实")都只是一种话语的建构,而非纯粹"给定的实在"本身。

假如我们所做的这些分析及其结论是可以接受的,那么,我们就可以比结束第一至四章的分析时更有信心地宣称:

1. 二十世纪前期在西方发达资本主义国家当中普遍出现的干预主义转向的的确确很可能并不是自由资本主义制度内在矛盾发展的**必然**结果,而只是人们在特定话语系统(在凯恩斯主义诞生之前主要是"消费不足论"这种话语系统,在凯恩斯主义诞生之后则主要是凯恩斯主义这种话语系统及由其衍生出来的各种干预主义话语系统)的引导和约束下建构出来的一种社会历史过程。①

2. 就干预主义和自由主义这两种现代经济社会发展政策或战略而言,相互之间并无所谓绝对的真假、对错之分,每一种政策或战略都有自己的"事实"依据、"解释"逻辑和"概念"前提,但这些"事实"依据、"解释"逻辑和"概念"前提都只有在自己那特定的话语系统之下才能够成立,否则就都可能会受到质疑。而对于这些不同话语系统本身的"真"、"假"、"对"、"错",我们并无一公认可靠的方法来对其做出绝对的判断。

此外,干预主义和自由主义这两种政策或战略或许都有自己适用的情境(同时也都有自己不适用的情境)。关键的问题是,第一,正像米塞斯指出过的那样,在社会科学领域中,由于没有普遍性的规律存在,因而也就没有普遍适用的理论或行动策略存在;每一种理论可能都只是描述了某些特殊情境下的特殊现象。同时,第二,在绝大多数情况下,我们都缺乏足够的信息来帮助我们判断我们正处于何种理论所适用的情境之下。换句话说,在绝大多数情况下,我们其实都

---

① 如众多文献所述,在 20 世纪 30 年代,上述诸理论中至少有三种("消费不足论"、凯恩斯主义、奥地利学派)已经得到了不同程度的阐发并在政府官员、知识分子、企业家以及公众当中产生了不同程度的影响。但其中影响较大的,当是各种类型的干预主义理论:首先是以"消费不足论"为核心论点的西斯蒙第主义,之后则是以"投资不足论"为核心的凯恩斯主义。至于米塞斯等奥地利学派学者阐述的自由主义理论,尽管也有人(米塞斯、哈耶克、罗宾斯等)持明确的支持态度,但在多数人那里,则被视为一种不当的理论而遭到了唾弃。正像罗斯巴德所描述的那样:"20 世纪 30 年代,在美国和英国有许多人对米塞斯的商业周期理论产生了兴趣,但是这种兴趣很快就被对'凯恩斯革命'的狂热冲淡了"(罗斯巴德:《美国大萧条》,第 73 页)。

是处于一种盲目（因而茫然）的处境之中。在这样一种盲目因而茫然的处境之中,我们对于自己要做的行动抉择之"正误"、"对错"也不可能有明确无误的判断。

3. 因此,在特定的时间、空间里,以及在干预主义和自由主义这两种现代经济社会发展政策或战略之间,人们到底应该或将要实行何种发展政策或战略,在很大程度上并不取决于什么"历史的必然性",而更可能是取决于政体与民意,取决于上述各种话语系统当中何种在决策者以及能够左右决策者的社会力量当中占据主导地位。

本书缘起于作者在教育部人文社会科学重点研究基地重大项目"经济快速增长时期的社会发展战略:国际比较及其启示"中所做的研究工作(本书正是作为这一课题的结题报告而撰写的)。该课题立项的初衷,是要通过对西方发达国家社会发展战略的比较研究,归纳概括出一些规律性的东西,为正处于"经济快速增长时期"的中国在制定自己的经济社会发展战略时提供一些可资参考借鉴的意见或建议。遗憾的是,本书(本研究)没有能够实现这样一个初衷。正如读者已经看到的那样,通过自己的上述研究,本书作者不仅没有能够为正处于"经济快速增长时期"的中国在制定自己的经济社会发展战略时提供一些明确无误的参考意见或建议,恰恰相反,本书作者还让自己(同时也可能让本书的诸多读者)陷入了一种至少在短期内难以解脱的困惑之中,即:至少就干预主义和自由主义这两种不同的话语系统及其发展战略而言,我们没有能力对它们的是非对错做出确凿无疑的明确判断。或许,在未来的时间里,通过自己进一步的探索,或者在某些睿智者的启发教诲下,作者将能够摆脱这样一种困惑。但至少在目前,我们(也可能只是本书作者自己一人)唯一可以确定的似乎就是:怎样都行①。而对此唯一需要立即加以补充的一点就是:

---

① 当然,从这样一个结论出发,我们也还是可以推出以下这样一些比较具体的看法:1. 对于一个国家和地区来说,不必强求其经济、社会发展战略在时间上的一致性或连续性;2. 对于一个国家或地区来说,也不必强求其内部不同地域之间在经济、社会发展战略方面的一致性或统一性,而是可以且应该允许许多元化,允许不同发展模式同时共存、相互竞争。不过,对于这两点推论及其所隐含的一些更深层次的理论或实践问题,笔者尚未来得及做更深入、细致的思考,故此处不予展开讨论。它或许可以成为笔者下部著作的主题。

只要绝大多数人民对这一发展战略表示同意,并在分享这一发展战略可能为自己带来的各种利益的同时,也愿意承担由这一发展战略可能带来的任何风险和痛苦。而这也就对一个国家或一个地区经济社会发展战略及政策的决策机制提出了如下这样一个基本要求,即:在一个国家或一个地区经济社会发展战略的制定过程中,无论采用何种具体方式,都应该让广大人民群众得以参与其中,以使最终确立的发展战略及相关政策能够切实有效地转化为广大人民群众自己的意愿和决心。因为只有在这样一种情况下,广大人民群众才可能心甘情愿的承担既定发展战略及相关政策可能带来的任何责任、风险和痛苦,而不将其简单地推诿给政府、专家一类的少数"他者"。"同舟共济"、"同甘共苦"一类的言辞才能够成为现实生活的真实写照,社会的团结才有可能在任何情况下(包括内外环境恶劣的情况下)都得到较高程度的保证。这样,虽然像本书所分析的那样,我们可能无法准确地判断和确立起一条一帆风顺、百分百"正确"的发展道路,但我们却有可能做到无论我们所选择的发展道路有什么不适当之处,我们都能够确保自身社会团结的稳定存在。这或许就是我们从本书前面的分析当中可以引申出来的一个重要结论。

参考文献

阿塔克、帕塞尔:《新美国经济史》,罗涛等译,中国社会科学出版社,2000年。
奥尔德雷德:《开启经济学的黑匣子》,卢欣译,机械工业出版社,2011年。
伯南克:《大萧条》,宋芳秀、蔻文红译,东北财经大学出版社,2007年。
伯顿:《资本的秘密:金融危机与大萧条经济周期的规律》,李薇、邓达山译,陕西师范大学出版社,2009年。
布劳格:《经济学方法论》,石士钧译,商务印书馆,1992年。
陈明、李庆余、陈华:《相信进步——罗斯福新政》,南京大学出版社,2001年。
陈达夫、白月:《反危机:回溯罗斯福新政》,《当代金融家》2005年第6期。
陈宝森:《美国经济与政府政策——从罗斯福到里根》,社会科学文献出版社,2007年。
德索托:《社会主义:经济计算与企业家才能》,朱海就译,吉林出版集团有限公司,2010年。
戴维森:《凯恩斯方案:通向全球经济复苏与繁荣之路》,孙时联译,机械工业出版社,2011年。
多兰主编:《现代奥地利学派经济学的基础》,王文玉译,浙江大学出版社,2008年。
恩格尔曼等:《剑桥美国经济史》(第三卷),中国人民大学出版社,2008年。
范家骧、高天虹:《西方经济学》,中国经济出版社,1992年。

米尔顿·弗里德曼:《资本主义与自由》,张瑞玉译,商务印书馆,1986年。

米尔顿·弗里德曼和罗斯·弗里德曼:《自由选择》,胡骑等译,商务印书馆,1982年。

米尔顿·弗里德曼和罗斯·弗里德曼:《自由选择》,张琦译,机械工业出版社,2008年。

米尔顿·弗里德曼、安娜·施瓦茨:《美国货币史》,巴曙松、王劲松等译,北京大学出版社,2009年。

米尔顿·弗里德曼:《货币数量论研究》,杜丽群、瞿强译,中国社会科学出版社,2001年。

加尔布雷思:《1929年大崩盘》,沈国华译,上海财经大学出版社,2006年。

加尔布雷思:《富裕社会》,赵勇等译,凤凰传媒出版集团、上海人民出版社,2009年。

哈耶克:《货币的非国家化》,姚中秋译,新星出版社,2007年。

哈耶克:《自由秩序原理》,邓正来译,北京三联书店,1997年。

哈耶克:《通往奴役之路》,王明毅、冯兴元等译,中国社会科学出版社,1997年。

海约克(哈耶克):《物价与生产》,滕维藻、朱宗风译,上海人民出版社,1958年。

汉森:《凯恩斯学说指南》,徐宗士译,商务印书馆,1963年。

汉森:《货币理论与财政政策》,李风圣等译,山西经济出版社,1992年。

汉森:《美国的经济》,北京大学经济系译,商务印书馆,1962年。

汉森:《二十世纪六十年代的经济问题》,张伯健等译,商务印书馆,1964年。

黑兹利特:《一课经济学》,蒲定东译,中信出版社,2008年。

胡国成:《塑造美国现代经济制度之路》,中国经济出版社,1995年。

凯恩斯:《就业、利息和货币通论》,高鸿业译,商务印书馆,1999年。

凯恩斯:《就业、利息和货币通论》,宋韵声译,华夏出版社,2005年。

库兹涅茨:《各国的经济增长》,常勋等译,商务印书馆,1985年。

赖特、里斯:《美国经济史》,辽宁人民出版社,1981年。

李嘉图:《政治经济学及赋税原理》,商务印书馆,1962年,第247页。

列宁:《评经济浪漫主义》,《列宁全集》,第1卷,人民出版社,1961年。

列宁:《论所谓市场问题》,《列宁全集》,第2卷,人民出版社,1959年。

刘易斯:《经济学的真相:凯恩斯错在哪里》,曹占涛译,东方出版社,
　　2010年。
刘涤源、王平洲编著:《后凯恩斯主义》,商务印书馆,1992年。
罗斯福:《罗斯福炉边谈话》,张爱民、马飞译,中国社会科学出版社,
　　2009年。
罗斯福:《罗斯福自述:走出危机》,张爱民译,新华出版社,2010年。
罗斯巴德:《美国大萧条》,谢华育译,上海世纪出版集团,2003年。
罗斯巴德:《权力与市场》,刘云鹏等译,新星出版社,2007年。
罗志如、范家骧、厉以宁、胡代光著:《当代西方经济学说》,北京大学出版
　　社,1989年。
里根:《里根回忆录:一个美国人的生平》,何力译,新华出版社,1991年。
卢卡斯:《经济周期理论研究》,朱善利等译,商务印书馆,2000年。
卢卡斯:《经济周期模型》,姚志勇、鲁刚译,中国人民大学出版社,
　　2003年。
马赛厄斯和波拉德主编:《剑桥欧洲经济史》(第八卷),王宏伟、钟和等
　　译,经济科学出版社,2004年。
曼昆:《经济学原理》(宏观经济学分册),梁小民、梁砾译,北京大学出版
　　社,2009年。
芒迪:《市场与市场失灵》,方颖译,机械工业出版社,2009年。
米塞斯:《人类行为的经济学分析》,赵磊等译,广东经济出版社,2010年。
米塞斯:《货币、方法与市场过程》,戴忠玉、刘亚平译,新星出版社,
　　2007年。
米塞斯:《官僚体制·反资本主义的心态》,冯克利、姚中秋译,新星出版
　　社,2007年。
庇古:《福利经济学》,金镝译,华夏出版社,2007年。
斯基德尔斯基:《重新发现凯恩斯》,秦一琼译,机械工业出版社,2011年。
斯塔夫里阿诺斯:《全球通史》,吴象婴、梁赤民译,上海社会科学院出版
　　社,1992年。
斯坦:《美国总统经济史》,金清、郝黎莉译,吉林人民出版社,1997年。
斯诺登、文:《现代宏观经济学:起源、发展和现状》,余江涛等译,江苏人
　　民出版社,2009年。
萨缪尔森、诺德豪斯:《宏观经济学》,萧琛主译,人民邮电出版社,

2004年。

撒切尔:《通往权力之路:撒切尔夫人自传》,本书翻译组译,当代世界出版社,1998年。

斯密:《国民财富的性质和原因的研究》,郭大力、王亚南译,商务印书馆,1972年。

宋玉华等:《美国新经济研究——经济范式转型与制度演化》,人民出版社,2002年。

宋玉华等:《世界经济周期理论与实证研究》,商务印书馆,2007年。

托宾:《通向繁荣的政策:凯恩斯主义论文集》,何宝玉译,经济科学出版社,1997年。

特维德:《逃不开的经济周期》,董裕平译,中信出版社,2008年。

韦克特:《大萧条时代:1929—1941》,秦传安译,新世界出版社,2008年。

伍兹:《清算经济学谎言》,马慧译,中华工商联合出版社,2010年。

王健:《新凯恩斯主义经济学》,经济科学出版社,1997年。

王书丽:《政府干预与1865—1935年间的美国经济转型》,人民出版社,2009年。

王梦友、李昊、赵楠楠:《解码大萧条时代——1929—1941年世界经济灰暗期》,人民邮电出版社,2009年。

西斯蒙第:《政治经济学新原理》,何钦译,商务印书馆,1997年。

小福尔索姆:《罗斯福新政的谎言》,李存捧译,华夏出版社,2010年。

休斯、凯恩:《美国经济史》,邸晓燕、邢露等译,北京大学出版社,2011年。

张旭昆:《西方经济思想史18讲》,世纪出版集团、上海人民出版社,2007年。

Allgoewer, Elisabeth, "Under consumption Theories and Keynesian Economics. Interpretation of the Great Depression", Department of Economics, University of St. Gallen, 2002.

Bernanke, Ben and Harold James, "The Gold Standard, Deflation, and Financial Crisis in the Great Depression: An International Comparison", In R. G. Hubbard, Ed, *Financial Markets and Financial Crises*, University of Chicago Press, 1991.

Cole, Harold and Lee E. Ohanian, "New Deal Policies and the Persistence of the Great Depression: A General Equilibrium Analysis", *UCLA Economics Department Research Memo*, February 2003, available at: http://hlcole. bol. ucle. edu/NewDealucla. pdf.

Ebeling, R. M., ed., *The Austrian Theory of the Trade cycle and Other Essays*, LvMI, 1996.

Eichengreen, Barry, "Central Bank Cooperation under the Interwar Gold Standard", *Explorations in Economic History*, 21(1984).

Eichengreen, Barry, *Golden Fetters: the Gold Standard and the Great Depression*, 1929—1939, Oxford University Press, 1992.

Eichengreen, Barry, and Jeffres Sachs, "Exchange Rates and Economic Recovery in the 1930s", *Journal of Economic History*, 45(1985).

Foster, and Catchings, *Profits*, Boston and New York: Houghton Mifflin company, 1925.

Foster, and Catchings, *The Road to Plenty*, Boston and New York: Houghton Mifflin Company, 1928.

Folsom, B. Jr., *New Deal or Raw Deal? How FDR's Legacy Has Damaged America*, Threshold Editions, 2008.

Friedmen, M., "A Theoretical Framework for Monetary analysis", *Journal of Political Economy*, 78(1970).

Gandolfi, A. E. and J. R. Lothian, "Did Monetary Forces Cause the Great Depression? A Review Essay", *Journal of Money, Credit and Banking*, 9 (1977).

Gordon, Robert J. and James A. Wilcox, *Monetarist Interpretations of the Great Depression: An Evaluation and Critique*, National Bureau of Economic Reasearch, 1978.

Hamilton, J. D., "Monetary Factors in the Great Depression", *Journal of Monetary Economics*, 19(1987).

Hansen, Alvin H., *Fiscal Policy and Business Cycles*, New York: W W Norton & Company Inc., 1941.

Hoover, H., *The memoirs of Herbert Hoover: The Great Depression 1929—1941*, The Macmillan company, 1952.

Jang, Sang-Hwan, "Assessment of Keynesian Model", Paper for the conference on "Theories and Practices of Alternative Economic Systems", Institute for Social Sciences at Gyeongsang National University, South Korea, June 2, 2006.

Kraus, W., "A thought experiment comparing Austrian and Keynesian Stimulus Packages", *Libertarian papers*, 40(2009).

Kuznets, Simon, *National Income and Capital Formation*, 1919–1935, National Bureau of Economic Research, 1937.

McElvaine, Robert, *The Great Depression: America 1929–1941*, New York Times Books, 1984.

Modugno, R. A., ed, *M. Rothbard VS Philosophers: Unpublished Writings on Hayek, Mises, Strauss, and Polanyi*, LvMI, 2009.

Murphy, Robert P., *The Great Depression and The New Deal*, Regnery Publishing, Inc., 2009.

Powell, J., *FDR's Folly: How Roosevelt and His New Deal Prolonged the Great Depression*, Three Rivers Press, 2003.

Robbins, Lionel, *The Great Depression*, New York: Books For Libraries Press, 1934.

Romer, Christina, "The Prewar Business Cycle Reconsidered: New Estimates of Gross National Product, 1869–1908", *Journal of Political Economy* 97(1989).

Romer, Christina, "The Great Crash and the Onset of the Great Depression", *Quarterly Journal of Economics*, 105(1990);

Romer, Christina, "What Ended the Great Depression", *Journal of Economic History* 52(1992);

Romer, Christina, "The Nation in Depression", *Journal of Economic Perspectives* 7(1993).

Smiley, G., *Rethinking the Great Depression*, Ivan R. Dee, 2002.

Temin, Peter, *Did Monetary Forces Cause the Great Depression?* New York: W W Norton & Company Inc, 1976.

Temin, Peter, *Lesson from the Great Depression*, MIT Press, 1989.